TIERRAS DE INFIERNOS

EDGARDO HINGINIO

Editorial Primigenios

1era edición, Miami, 2025

© De los textos: Edgardo Hinginio
© Del texto de contracubierta: Eduardo René Casanova Ealo
© De la presente edición: Editorial Primigenios
© Del diseño: Eduardo René Casanova Ealo
© De la ilustración de cubierta: De la serie. Ausencia Habitada.2 Autor: Leo de la O

ISBN:9798281147026

Edita: Editorial Primigenios
Miami, Florida
Email: editorialprimigenios@yahoo.com
Sitio web: https://editorialprimigenios.org

Edición y maquetación: Eduardo René Casanova Ealo

Queda rigurosamente prohibida, sin autorización escrita de los titulares del Copyright, bajo sanciones establecidas por las leyes, la reproducción total o parcial de esta obra por cualquier medio o procedimiento, comprendidos, la reprografía y el tratamiento informático

*A Sandra Espinosa, por el impulso permanente y la confianza.
A Juan Alberto Martínez Vega,
y a Lisandra Ramos Espinosa, sus historias.*

*Para millones y millones de seres humanos
el verdadero infierno es la Tierra.*

Arthur Schopenhauer.

*Todo el que ha construido alguna vez un «cielo nuevo»
ha encontrado el poder para ello solamente en su propio infierno.*

Friedrich Nietzsche.

Territorios de exilio, geografías del dolor

En las vastas latitudes de lo real maravilloso, donde la historia se confunde con el mito y el viaje se erige como rito de transformación, emerge *Tierras de Infiernos*, la novela de Edgardo Hinginio que actualmente tienen en sus manos. No se trata de una narración común, sino de un periplo donde los personajes, arrastrados por el sino de su tiempo, atraviesan un mosaico de geografías que, más que escenarios, son entidades vivas, convulsas, marcadas por un destino inexorable. Como en las crónicas de antiguos navegantes, cada paraje es un mundo con sus propias leyes, su propia temperatura humana y su propio nivel de condena.

Desde sus primeras líneas, la novela nos sumerge en un espacio donde el viaje es una necesidad vital, un exilio perpetuo en busca de un horizonte que acaso no existe. Los personajes avanzan en un trayecto que es más que físico: es simbólico, es espiritual, es la odisea de los condenados a la errancia. Y es en este transitar donde Hinginio despliega su dominio de la prosa: una escritura densa, rica en imágenes, en la que la naturaleza deja de ser decorado para convertirse en un personaje más, con voluntad y fuerza propias. Los ríos no solo llevan corrientes de agua, sino historias no contadas; las selvas no solo encierran fieras, sino también misterios insondables que rozan lo mítico.

Hay, en la construcción de *Tierras de Infiernos*, un claro eco de la América nuestra: la de los tránsitos, la de los destierros, la de los hombres y mujeres que cruzan fronteras con la esperanza a cuestas. En este sentido, la obra de Hinginio no es solo relato, sino testimonio de una época. El lector no se encuentra ante un mero artificio literario, sino ante la resonancia de un continente donde la supervivencia es el desafío cotidiano. Y en cada página, en cada encuentro con un paisaje hostil, en cada choque con la brutalidad de los guardianes de los límites, se intuye el pulso de un narrador que comprende que la historia de los pueblos es la historia de sus migraciones.

Como en la mejor tradición de Carpentier, en *Tierras de Infiernos* el tiempo no es una línea recta. Se dilata, se pliega, se desdobla. Los recuerdos irrumpen en el presente, los presagios acechan desde el futuro. Es un tiempo circular, obsesivo, en el que el pasado no deja de latir en los sueños de quienes avanzan, y el futuro se presenta siempre como promesa y espejismo. En ese sentido, la novela es también un ejercicio de memoria, una exploración de lo que significa llevar a cuestas el peso de una tierra que nunca deja de llamar.

Desde ya, *Tierras de Infiernos* se perfila como una obra mayor en la narrativa latinoamericana contemporánea. Un libro que no solo se lee, sino que se habita; un relato que deja en el lector el sedimento de una verdad amarga, pero innegable: en este mundo, para muchos, la vida misma es el infierno. Y en la prosa vibrante de Hinginio, esa verdad encuentra su expresión más alta, más poética, más inevitable.

Eduardo René Casanova Ealo.

Sumario

CAPÍTULO 1 TERCERA TIERRA DE INFIERNOS 13

CAPÍTULO 2 CUARTA TIERRA DE INFIERNOS 37

CAPÍTULO 3 QUINTA TIERRA DE INFIERNOS 69

CAPÍTULO 4 SÉPTIMA TIERRA DE INFIERNOS 101

CAPÍTULO 5 OCTAVA TIERRA DE INFIERNOS 127

CAPÍTULO 6 DÉCIMA TIERRA DE INFIERNOS 155

CAPÍTULO 7 ONCENA TIERRA DE INFIERNOS 225

CAPÍTULO I

TERCERA TIERRA DE INFIERNOS

Un color rojizo empezó a teñir la espuma de la estela y, de repente, se disolvió en el agua sucia del río.

No lo notó al instante, su pensamiento vagaba en el día final del mes de agosto, justo en el año dos mil quince y en la lejana tierra de su Isla amada; la Primera Tierra de Infiernos.

Sólo cuando escuchó el grito de «hombre al agua» advirtió los borbotones de sangre en la espumosa cola que dejaba la propela sobre la corriente acuática. De súbito se levantó del fondo de la lancha. «Coño», se dijo, y perdiendo el equilibrio volvió a poner sus nalgas sobre la madera.

A unos cinco o diez metros —no sabía precisar con exactitud—, el cuerpo desmembrado de un joven negro se removió en el agua oscura que se alejaba a una velocidad que, a sus ojos, le parecieron el rebobinado en play de una película.

Luego vio la enorme cola del cocodrilo levantarse y hundirse con ímpetu; en ese momento se le enfriaron hasta los huesos y quedó suspendido en una atmósfera de pavor. Era la primera vez en su vida que tenía semejante animal tan cerca de él, y no se sentía a gusto.

«¿Qué hacía?», se cuestionó para sí, y no le dio tiempo a su voz interior a auto responderse, al girar la cabeza hacia atrás ubicó el rostro pasmado de asombro de su amigo El Mellizo Bueno —como le apodaban—. Al igual que él no daba crédito a lo que vivía.

En ese preciso segundo —en que se miraron fijamente los dos— no pronunciaron palabras, ni hubo gestos, tampoco asumieron motivos para adivinar qué pensaban sus respectivos compañeros de viaje.

Los demás estaban anonadados en el tiempo y en el espacio. Parecían ni sentir, ni padecer. Los inaugurales minutos vividos le aseguraban a cada uno que habían dado los primeros pasos en una andanza en la que no sopesaban consecuencias. La meta era atravesar la frontera entre la Décima y la Oncena Tierra, y en las fuerzas para conseguirlo convergían todo el palpitar de sus sueños. Cruzar la frontera, y tener sosiego y prosperidad; cruzar la frontera y cambiar de vida.

Atrás quedaba la Segunda Tierra de Infiernos en forma de isla, con el peligroso mar que los separaba de tierra firme, sus fuertes vientos y la estancia en aquella parada que hicieron selva adentro por el río en busca de mercancías que ni ellos mismos pudieron adivinar lo que era.

«Ahora nada importa —se dijo— si el negro cayó al agua dormido o despierto, si lo empujaron, si el cocodrilo subió con toda su talla y su peso a la popa de la embarcación y tomó en sus fauces al indefenso cuerpo humano de la víctima; no sabía nada ni quiso imaginar lo sucedido, solo «no pensar, no pensar, no pensar...». «Era una lucha contra sí mismo, una guerra interior de la pérdida y la salvación».

Pero obtuvo la calma; al igual que eligió viajar en busca del Onceno Sueño, su decisión por no pensar más en las imágenes que sus ojos habían visto unos pocos segundos atrás y no darle ámbito alguno a la inseguridad y al miedo fue práctica. Indistintamente se proponían no atormentarse, desde el inicio, el resto de sus amigos del grupo y acompañantes improvisados de viaje.

El motor de la lancha ronroneó con más fuerza, como si las aguas se opusieran a su veloz deseo de pisar la ribera oriental de la Tercera Tierra de Infiernos. Su pensamiento regresó al treinta y uno de agosto del año dos mil quince y a aquella fiesta en honor de San Ramón Nonato.

En el recuerdo era pobre la cantidad de platos de comida y las cervezas sobre la mesa, diferente por completo a como recién, él, lo había conocido en su estancia en la Segunda Tierra de Infiernos, pero nada como el ambiente festivo de la Primera Tierra; «es único...», se volvió a repetir. Si bien solo tenía experiencias de tierras de infiernos en forma de islas, podría ir —en la medida que salvaba fronteras— esclareciendo qué era bueno y qué era malo.

«En este minuto, quizás debe haber menos platos de comida y menos cervezas», dicen que la situación ha empeorado, sin embargo, «es la tierra más alegre que ojos humanos vieran..., la tierra de la guaracha y la conga, la tierra de la sandunga y la rica y condimentada salsa para comer y bailar. La tierra de la alegría sana, la amistad y el amor».

Aunque él —en su eterno afán de sentenciar cada cosa y cada persona— siempre la calificara como la Primera Tierra de Infiernos... Ella es la tierra donde sus ojos vieron la luz por vez primera. Luz deslumbrante por su naturaleza, pero opaca por el reflejo en algunos ojos de sus hijos que la miraban desde adentro y desde afuera con sentidos opuestos de conformidades.

Y recordaba ese día específico y ese acontecimiento —la fiesta— porque la familia estaba reunida, incluso los más viejos. Su hermosa familia unida y feliz celebrando, por coincidencias, el cumpleaños de su abuela, y el de la que sería su futura mujer —que por entonces era amiga de su hermana—, porque él con los ojos puestos, por vez primera y en forma de sorpresa, ya aseguraba —ese día— su feliz matrimonio.

No era añoranza ni amor propio, «era verdad, sencillamente verdad...». Las fiestas de la Segunda Tierra, tierra de sandías y hermosas tetas y nalgas de las depravadas mujeres de la Tercera Tierra que cruzaban la frontera marítima en busca de dinero fácil, no eran por cantidad de comida y bebida comparables con el sano disfrute de las fiestas de su inolvidable, amada y Primera Tierra de Infiernos y escaseces. «Ciertamente todas las escaseces era uno de sus infiernos: escaseces materiales de lo necesario para vivir, escaseces espirituales para poder actuar consecuentemente con la filosofía que han decidido defender hasta la muerte», añadió para confirmar sus recuerdos.

Recuerdos de una vida de vicisitudes moderadas y realizaciones de sus sueños a medias o nulas; por eso —en compañía de otros jóvenes—, decidió volar y dejar todo atrás llegados los peores momentos. Todo quedó atrás: su casa, su familia, y entre su familia su mujer y su niña —que era lo que más le dolía—, el resto de sus amigos, las bellas mulatas, los recuerdos de una vida y, así mismo, «la angustia infinita de vivir dominado por tantas absurdas obligaciones y prohibiciones».

El viento de la costa oriental batió sobre su rostro y sintió el aliento de una plácida soñolencia. No había dormido bien la noche anterior. Quizás su malestar nocturno hubiera sido provocado por el calor de la cabaña cercana a la selva, aunque tenía por seguro que provenía de su cerebro y aquella preocupación latente en su pensamiento por la toma de decisiones que acercaban terribles riesgos a su vida y grandes realizaciones también... «El Onceno Sueño..., sufro la enfermedad del Onceno Sueño...», volvió a repetirse confiado de que con la materialización de una quimera acabaría la pesadilla de su congoja humana.

Aunque fuese un sueño inducido y no propio en su esencia, el Onceno Sueño esperaba definitivamente por él. Por él que nunca había sido un hombre temerario y que si bien había tomado todas aquellas decisiones de escape fue por obligación y no por sentido de aventuras. La vida era muy preciada dentro de sus carnes y sus neuronas para asumirla, de repente, como una aventura.

Miró a su alrededor y vio el resto de sus acompañantes de viaje en una suave niebla... Sus ojos trataban de cerrarse, la plácida y húmeda brisa, la sensación de sombra del techado de pencas de cocotero, las salpicaduras del oleaje de la salida al mar buscaban aniquilar su estado de vigilia... Serían aproximadamente las tres de la tarde, no podía dormirse.

Mantenerse sin dormir era una seguridad para su vida de ahora por delante hasta llegar a la Oncena Tierra de Infiernos, donde todos los sueños del espíritu podían tenerse y realizarse sin la más mínima preocupación, según aseguraban sus más cercanos conocidos. Una de sus metas era comprobarlo, más que vivir sin las angustias ni preocupaciones de las tierras de infiernos dejadas atrás.

Volvió a mirar a su alrededor y enumeró a sus acompañantes de viaje. Primero El Mellizo, El Mellizo Bueno —como le decían—; un muchacho de estatura baja y regordete de apetito descomunal.

Él sabía cuánto luchaba con ejercicios físicos para evitar la gordura, pero todo fue en vano, el improvisado gimnasio y la dieta no fueron suficientes, él era un gordo más con algunos músculos definidos; y un buen carácter de persona obesa.

Su hermano, El Mellizo Malo, era policía, y su apodo en forma de apellido se lo había ganado por sus acostumbradas travesuras sin uniformes y con la más extrema actitud cuando se trataba de ejercer justicia con su vestimenta azul. El Mellizo Bueno no era que pensara en contraposición oficial a su hermano, sino que hacía del humanismo y la verdadera justicia una mejor disciplina.

Más allá estaban Mano El Pejecito, recostado de la caseta del timonel; Kiko Soplete, mirando los bordes de la selva profunda; Ale El Flaco, sentado con los ojos cerrados respondiendo acompasadamente al vaivén de la lancha y más allá el hermano de su mujer que esperaba en la Primera Tierra, apodado El Cuñado por él —por supuesto— y que al parecer disfrutaba de la placidez de la brisa y tenía la mirada a la espera de cada detalle en el líquido horizonte que se abría poco a poco.

Todos habían nacidos en los alrededores o en el mismo pueblo que yo, todos eran de menor edad y los apodaron según sus características más sobresalientes. Uno por uno nos fuimos reuniendo en un grupo que se constituyó, día a día, por intereses similares, por el tiempo compartido y las costumbres formadas para enfrentar el aburrimiento que quería matarnos de pena.

Los miré nuevamente y una resolución impostergable me sacudió, era la misma de un año atrás cuando decidimos ahorrar todo el dinero al máximo y, llegado el momento propicio, emprender el viaje hacia la envolvente y Oncena Tierra de Infiernos.

Nunca pensamos en la Oncena Tierra como solución a todos los problemas, no albergábamos la luz del Onceno Sueño como guía de nuestros pensamientos; solo un día quisimos salir de la Patria amada por mejor vida y nada más.

Pero al final estuvimos de acuerdo en que no teníamos otro recurso de auxilio para nuestras existencias; la Segunda Tierra no había satisfecho las expectativas. Y la Oncena Tierra no sería para nada perfecta, pero podría ofrecernos lo que no nos habían dado ni la Segunda, ni la gran y Primera Tierra de nacimiento.

Si años atrás tomamos una decisión mayor que, evidentemente, rompía toda convivencia y alimentación con las raíces de la Primera Tierra —la Patria amada—, hoy debíamos dar el paso rotundo, el incitante, el impostergable; el que nos sacaría de la insatisfacción y el desgano.

No quería adormecerme, pero me adormecí.

El intenso sol, la brisa marinera que se abría paso por la desembocadura del río camino al interior de la selva tropical y el pase de revista a la tropa que le acompañaba lo sumieron en un sueño leve.

Por un tiempo que no podía precisar, sus ojos se cerraban y luego el sentido protector de su cerebro le hacía entre abrir los párpados en busca de una posible agresión o síntomas de acciones pícaras tramadas en su contra.

Quizás era una costumbre, una muestra constante de duda y desconfianza que alimentaba desde niño, una práctica que le aseguraba sobrevivir en cualquier ambiente por muy embarazoso que fuera.

Era una vieja práctica que usaría en todo el trayecto del viaje y que debía perfeccionar cuando atravesaran tierras más infernales que las que pisaban. No sabía de dónde le surgió la idea de calificar de esa forma a los contornos que atrapaban sus ojos, pero mucha verdad le asistía; «son tierras donde reina la más perturbada maldad de los hombres por encima de su bondad natural, son tierras infernales».

Tal vez su defensa y toda clasificación de fenómenos humanos era el sexto sentido de protección que se activaba en ocasiones de extrema vigilancia. Por ello y porque no podía soportar el adormecimiento, se dejó caer en los suaves brazos de Morfeo.

Un Morfeo indígena, nacido —quizás— en una de las tribus que vio a lo lejos en su trayecto paralelo a la orilla, navegando sobre las aguas de la amplia y caudalosa corriente camino al mar. «Este sí es un río —se asombraba en medio del vaivén de la masa en movimiento—, no el hilo de agua sucia que corre por algunas zanjas de la Primera Tierra de Infiernos», se dijo una que otra vez.

—¡Puro, Puro...!

Sintió que le tocaban por las rodillas, lo zarandeaban y lo llamaron con una fuerza contenida.

—¡Dime, dime...! ¿Qué pasa? —Se levantó sobresaltado.

—Nada, no te alteres, es que estamos llegando al poblado por donde vamos a subir a tierra firme. Dice el guía que es mejor entrar por aquí porque no hay guardias de control..., más allá habría que esperar la oscuridad para desembarcar...
—¿Qué hora es?
—Las cinco y treinta y tres minutos de la tarde... —le respondieron en un largo eco.
—...increíble, he dormido casi dos horas al vaivén de la corriente del río... —se dijo en voz alta como para espabilarse.

Al dar el salto al improvisado muelle, y pisar definitivamente el negruzco terreno, su cuerpo se sacudió al compás del pensamiento que lo despertaba a la nueva realidad: «era la tercera tierra del mundo que sus pies pisaban, no habría escapatoria, el camino era un hecho y la suerte estaba debajo de sus pies, para bien o para mal...».

Por toda respuesta la noche se precipitó prematura sobre el poblado, era la anticipada noche del río, el mar y la selva juntos. Y ellos no supieron qué hacer en aquel lugar desconocido. Era sencillamente drástica la sensación de estar en tierra ajena y sin la más mínima seguridad.

Pero envueltos en la certeza que toda decisión de juventud es un triunfo seguro y eterno, se encaminaron en busca de un lugar donde pasar la noche o mejor, tomar un transporte para empezar a devorar kilómetros de distancias y atravesar la Tercera Tierra. Algo debía de aparecer. No pensaban en descansar a pesar de las grandes distancias que debían recorrer, «¡total, ya habría tiempo después para el disfrute!».

En las afueras del pueblo vimos una luz resplandeciente. «Vamos, debe ser una gasolinera», les dije. Y hacia allí nos encaminamos.

El lugar estaba desolado, a pesar de que era una hora temprana de la tarde noche.

—Debemos comprar más galletas y caramelos... —aconsejó El Cuñado.

—...y un poco de agua también... —añadió Kiko Soplete.

—...y comida pesada... —El Mellizo, sonriente.

Llegamos e irrumpimos en el puesto de venta. El señor de unos cuarenta y cinco años nos echó una fea mirada escrutadora y luego saludó. Continuó por breve rato en las labores que hacía, mientras nos daba tiempo a mirar y a elegir.

—¿Ya se decidieron?, ¿desean algo los panas...? —nos interrogó.

—Un paquete de caramelo y una botella de agua...

Cada uno fue pidiendo lo que nos propusimos, y algunos productos más que aparecieron y nos agradaron. Uno que otro compró para sí y su compañero.

—¿Se podrá tomar alguna buseta a esta hora para salir de aquí? —le pregunté, haciendo uso de palabras locales que aprendí con las moras en la Segunda Tierra.

—¿Hacia dónde quieren ir...?

—Al oeste...

—¿Hacia las grandes ciudades? —volvió a indagar.

—Hacia el oeste... —le repetí resueltamente.

—Bueno, primero deben salir a la ciudad más cercana, ahí aparece todo tipo de transporte, a la hora que sea..., si tienen dinero podrán ir a donde lo deseen... —respondió el hombre sin levantar su vista de los productos ya puestos sobre el mostrador y el papel de las anotaciones.

El Mellizo me miró en el momento de ser pronunciada la palabra dinero, y en esos mismos instantes sacamos de nuestros bolsillos unos billetes acuñados en la Tercera Tierra y pagamos.

Sentimos un auto que se detuvo en las afueras. De repente la puerta se abrió: «...es la policía nacional», aseguró el dependiente en voz baja, solo para nosotros.

—¿Qué hubo, don Manuel? ¿Cómo está la noche?

—Todo bien, teniente..., sin problemas...

Manuel nos tendió el vuelto. Nosotros —El Cuñado y yo— seguimos de espaldas al recién llegado. Afuera estaban Kiko, Ale y Mano; El Mellizo miraba, dentro de la tienda, algunos productos en el mostrador.

—¿Algo más? —volvió a inquirir el dependiente.

—Eh... —balbuceó El Mellizo.

—No, gracias —dijo El Cuñado.

—Gracias y hasta luego, don Manuel... —me despedí intentando, con todos los riesgos, una familiaridad con el dependiente que no tenía.

—Hasta luego —me respondió Manuel con un rostro asombrado.

—¿Y quiénes son ustedes? —indagó el teniente y agregó—: ...ustedes no pintan ser de aquí...

Quedamos aún más perplejo. Cuando me di la vuelta pude apreciar que cerca del auto el otro policía interrogaba a Kiko.

—Tiene usted razón..., somos turistas... —respondí.

—¿Turistas por acá...?

—Sí...

—...son hermosos lugares... —El Mellizo.

—...lugares que siempre quisimos visitar y conocer..., son bellísimos —El Cuñado.

—...déjenme ver sus documentos... —El teniente, inseguro.

Algo nervioso le mostré el pasaporte.

—Ya decía yo..., son de la tierra pendeja..., de la isla comunista y pendeja..., la que ahora nos quiere embaucar a todos... —expuso el teniente después de hojear el librito.

—Nosotros...

—...seguro no pasaron por migración y extranjería... —añadió como queriendo demostrar sus dotes de adivino.

El Mellizo tartamudeó, pero no dijo nada. El Cuñado solo atentamente miraba.

—No —dije resueltamente.

—¡Vamos para migración! —sentenció el teniente.

Sentado en el auto con la puerta abierta el otro gendarme hablaba por el micrófono del carro policial. No teníamos otra opción, «empezamos con el pie izquierdo», pensé.

Y nos llevaron.

—Así que querían pasar hacia el norte como perros por su casa —parafraseó el hombre barrigón de uniforme de color indefinido puesto de pie delante del buró.

—...nosotros no vamos al... —le intenté decir mientras me adaptaba al extraño lugar de apariencia similar a un ambiente fílmico de la lejana y Oncena Tierra, allí nos habían trasladado como si fuéramos delincuentes.

—...sabemos que van camino al norte...

—No... —negué mirando fijamente a su rostro.

—Sí... —El teniente, respondiendo con una mirada fija y penetrante.

—...que tienen pensado atravesar el país en busca de la frontera oeste... todos los que pasan por aquí lo hacen con ese objetivo, no creo que ustedes tengan diferentes pretensiones... —El funcionario.

—...no es así... —murmuró El Mellizo, seguro pensando en su hermano policía, descubriendo por equivalencia porque lo apodaban El Malo.

—...y que llevan encima suficiente dinero para el viaje..., ¡maricas...!, y remaricas...

—¡Qué! —exclamé.

—¿Qué nos dijo...? —preguntó El Cuñado y nadie contestó.

—...pues no..., tal vez los otros tenían..., nosotros no... —ratificó El Pejecito, lleno de ira por escuchar la palabra que en nuestra tierra era la mayor ofensa que se le podía hacer a un hombre macho, varón y masculino, como decíamos.

—...mejor piensen y cooperen..., dejen algo para ellos y para nosotros... —indicó el mantecoso, mirando con picardía al teniente y agregó: ¡digo, si quieren llegar a la próxima tierra!

—¿Y ustedes son funcionarios de migración y extranjería? —le cuestionó con un acento de burla Kiko.

—¡No lo ves...! —Se alteró el hombre gordo de unos treinta años.

—En otros lugares no es así... —Solté mi ira.

—Pues aquí..., es así..., no hay otro modo..., hacemos lo que nos da la gana —vociferó el teniente.

—...un miembro de la policía nacional..., ¡qué sorpresa...! —Se adelantó El Cuñado.

—¡Qué falta de...! —Kiko.

—¿De qué...? ¡Marica! —indagó el gordo con insistencia poniendo su rostro sudado ante el rostro de El Mellizo. Este último viró su cara, su piel cambió —automáticamente— a un color sangre.

Kiko sonrió, cuestionaba a su amigo en vez de a él. No sabía ni quien le hablaba.

—De nada... —intermedió con absoluta bravura El Cuñado y expuso—: ¡Vamos a terminar esto!

—Así mismo..., saquen su plata, ¡panas mías...!, ...para nosotros ponernos contentos y dejarlos ir..., ustedes son bastantes y nosotros tres, nos vamos a conformar con lo que par de ustedes nos den a cada uno..., puede ser mitad y mitad..., tienen suerte después de todo son dos para uno... —Y sonrió hipócritamente el policía.

—¡No! Nereida la billetera y Nananina la de la esquina... —exclamó Mano El Pejecito.

—¿Qué mierda dices? —El teniente.

Algunos tan solo sonreímos, nuestros deseos eran carcajearnos, pero nos contuvimos. El teniente no pudo descifrar la frase de El Pejecito. Y se quedó con los ojos abiertos, en un blanco total, y llenos de rabia.

—Vamos a tener que darles unos golpes, creo que se lo merecen..., o los ponemos presos por cualquier cosa..., ¿de qué podemos acusarlos teniente?

—...abusadores... —susurró Ale El Flaco.

—¿Quién habló? —volvió a gritar el joven barrigón, buscando con la mirada y sin encontrar a quien acusar.

—O mejor, los devolvemos para la maldita y pendeja isla de donde nunca debieron de salir..., a seguir pasando hambre... ¡Sí, ya lo creo! Eso es lo mejor, lo que seguro ellos quieren..., partida de hambrientos comunistas..., que ahora nos están saqueando... —El teniente.

Yo pensé no darles nada. Por su lado Ale El Flaco y Mano El Pejecito, ya medios amortiguados, se notaban con intenciones de meter las manos en sus bolsillos —que era el primer de todos los lugares ocultos por donde nos habíamos distribuido el dinero— y ofrecérselo.

—Lo hacen, o le revisamos hasta el culo... —advirtió el teniente con una fuerte mirada y un dejo de burla en sus labios.

—Se lo sacaremos de donde lo tengan metido... —ratificó el barrigón y lanzó una estertórea carcajada.

Recordé —pues la tenía bien presente— una de las historias que nos habían contado cuando estábamos en la Segunda Tierra de Infiernos. Alguien que antes estuvo en este lugar nos reveló por escrito en mensajes que era cierto, podían llegar hasta la violencia.

Así, a uno de los antiguos pasantes por esta misma zona que se negó a cooperar, le dieron «patadas de mulo» que por poco lo matan, lo lanzaron muchas veces contra la pared. «¡El pobre! Era de extrema delgadez y pequeño, y salió muy mal parado», pensó El Puro. Debían de inteligentemente no propiciar razones para que los inmorales contaran con la oportunidad de golpearles.

Por ello, luchamos por todos los medios no pasar por la oficina de migración y extranjería de la Tercera Tierra, y no pudimos evitarlo. Entonces, saqué unos billetes y se los arrojé sobre el buró.

—Nos darán, aunque sea documentos legales para pasar por su tierra... —requirió El Mellizo con inocencia, ya poniéndose de pie.

—No les daremos nada recontra maricas, comunistas de mierda..., arréglensela como puedan... —le volvió a vociferar el cuerpo amorfo que representaba a un funcionario de migración y extranjería. ¡Teniente, sácalos a patadas de aquí! —

agregó después que se hizo del resto del dinero con un fuerte apretón de manos y se disponía a poner sus grandes nalgas en el sillón.

Y, luego que nos dieron la oportunidad de salir a la calle, nos alejamos en busca de una buseta. Nos habíamos visto cara a cara, por primera vez, con las autoridades corruptas de una tierra de infiernos.

De ahora en lo adelante debíamos ahorrar más en el camino, perdimos parte importante del dinero que calculado al extremo debía de acompañarnos hasta la frontera entre la Décima y la Oncena Tierra. «Esta es una tierra de infiernos de podredumbre», reafirmé en voz alta y mis amigos confirmaron con movimientos de cabezas y expresiones verbales.

Calculamos dinero para transporte, alimentos, estancia en albergues y una que otra medicina —si alguien la necesitaba por urgencia y ninguno la traía consigo—, pero nunca para dárselos a barrigones y policías.

Pero eso —tal vez— también estaba en los planes. Lo que sucedió fue que basados en nuestras benévolas experiencias de la tierra de nacimiento nunca nos convencimos de la realidad presentes en otros lugares. «Existen diferencias entre los infiernos de cada tierra».

«¡Nuestra tierra amada, nuestra tierra amada! Llena de muchos infiernos, infiernos imperdonables de miserias, imposiciones y violaciones; pero noble y virgen en vicios entre las selvas del mundo», me dije.

Por ahora caminábamos sobre la orilla de la carretera, mirando el mapa y la brújula en los teléfonos móviles y evitando que el cansancio nos pudiera dominar el cuerpo entero y nos durmiéramos.

—Recuerden los equipos que creamos para dormir, aquí todos vamos juntos, por lo que debemos cuidarnos y movernos con cautela.

—No hay problema, Puro, no hay problema... —aseguró El Pejecito, risueño.

—¡Lo dijiste tú, Matatán...! Me alegra mucho que lo sepan..., no lo olviden...

De repente unas fuertes luces nos encandilaron los ojos. Extendimos las manos y allí se detuvo la buseta. «¿A dónde van?», preguntó el chofer luego de abrir la puerta. «Hacia el oeste», le dijimos a coro. «Suban, son mil libertadores por cada uno», nos informaron y acto seguido, estábamos dentro de la extraña, pequeña y asfixiante bola de metal.

Y la noche empezó a correr hacia la primera frontera que nos incumbía atravesar. Solo pensábamos en adelantar camino y dejar atrás las largas distancias que nos separaban del objetivo común.

El horizonte poco a poco se abría: «...pa'lante, pa'lante, que la vida no se detiene por un par de comemierdas», indicó El Cuñado. «¡Lo dijiste tú, Matatán!», exclamé y todos nos echamos a reír a carcajadas.

Primero cabeceamos en la buseta El Mellizo, El Cuñado y yo; mientras cuidaban de nuestro sueño El Pejecito, Kiko y El Flaco. Luego intercambiamos nuestras funciones, hasta que nos sorprendió la luz del sol a nuestras espaldas y llegamos a un poblado cercano a la cordillera. Pintoresco paisaje de montaña y bello pueblo, parecía una postal turística, un pueblo implantado en los trópicos desde las infernales tierras cultas del norte lejano.

Allí vivimos un insospechado y gran asombro. Atravesando una plaza notamos su adoquinado repleto de dinero. Las personas caminaban sobre los billetes y nadie se conmovía ni se agachaba a recoger ni uno solo. Nosotros tampoco, a través de las ventanillas, imaginábamos detener la marcha y mucho menos solicitaríamos bajar a tomar alguno, «¿para qué?, asustaba verlo y seguro sería dinero sin valor...».

La buseta atravesó, silenciosamente, el espacio del pueblo y se internó de nuevo en la carretera de montaña totalmente asfaltada. «Parece que aquí el dinero no vale ni el susto de agacharse...», dijo románticamente Kiko, a lo que yo le agregué: «...así mismo es, hermano, esa es la pura realidad, es tan grande la inflación que lanzan los billetes al aire en forma de desprecio, protesta y desesperanza».

Sobre ruedas nos acontecieron cuatro días, con sus buenos descansos para echarnos agua, comer uno que otro pan, arepa, cachapa, empanada, beber chicha de arroz y el rico papelón, o, simplemente, disfrutar de las frutas arrancadas de los árboles por nuestras propias manos en las caminatas.

Cuatro días de marcha sobre buseta, autos, camiones y a pie. Hasta que llevados por consejos de anteriores viajeros y una que otra plática con transeúntes y compañeros momentáneos de viajes llegamos al fin de la Tercera Tierra, con el buen augurio de que frente a nosotros no se atravesaron —nuevamente— ni la policía nacional ni agente alguno de migración y extranjería. Estábamos en el extremo oeste de la Tercera Tierra de Infiernos.

—¡Mira, una mora! ¡Qué buena mora! —Se asombró El Cuñado al ver una bella mujer que se unió a nosotros, en el numeroso grupo, para atravesar el río de la frontera.

—Sí..., una mora nada despreciable... ¡Me encantan!, Dios mío, ¡me encantan! —Suspiró Ale El Flaco.

—Así mismo, similar a las hermosas moras que llegaban hasta la isla de la Segunda Tierra de Infiernos... —le ratifiqué.

—Pero tú..., ni la mires..., o se lo digo a mi hermana..., recuerda, a mi hermana... —me dijo El Cuñado con una pícara sonrisa y los demás rieron a carcajadas.

Pero ni así evitó que yo recordara los meses en la Segunda Tierra, largos meses que se convirtieron en años. El trabajo en las mañanas en los campos de sandías bajo el inclemente sol y las hierbas que cortaban —como cuchillos— las piernas y las manos. Recordé las enormes montañas de sandías recolectadas y las fotos remitidas a mi familia para demostrarles que trabajaba y me encontraba bien.

Además, recordé las fiestas locas con las moras, las locas moras también, bailando desnudas en las piscinas, en la terraza del cuarto o sobre las sábanas de la cama. Música, baile, cervezas, besos, locura, locura de fiesta y locura de moras, de las preciosas moras de la vecina Tercera Tierra de Infiernos, por la que ahora atravesábamos.

Algunos les decían las panas, yo empecé a llamarles las moras por su color y por sugerencia de un poema escrito por un brillante y grandiosos coterráneo nuestro hace mucho tiempo. Naturalmente se me ocurrió a mí nombrarlas por tan bella alusión una tarde en que una perdió un anillo de oro en la piscina y al no poderlo encontrar lloró —como la Mora de Trípoli— al borde del agua.

Nunca había pensado tener tan bellas mujeres conmigo. En la Primera Tierra de Infiernos nunca conquisté una hermosa hembra ni la gocé, allá las hembras hermosas son castas para la mayoría de los hombres y sus familias, pero seguramente igual que las moras —cuando se encontraban entre cuatro paredes— con el hombre que les gustaba. «Entre cuatro paredes y desnudas todas las mujeres asumen una sicología similar, las cuatro paredes y la desnudez hacen iguales a todas las mujeres».

Sin embargo, me había tocado ver los cuerpos despampanantes de las moras que al fin y al cabo era lo mismo o mejor…. sin duda alguna mejor…. En definitiva, mi esposa había quedado atrás en la inicial tierra de mi vida de infiernos y a mi cuñado —ciertamente— no le interesaba tanto la fidelidad a su hermana.

El puente se veía a lo lejos entre los árboles. El puente que era la ruta oficial para atravesar la frontera, para cambiar de tierra y de infiernos. El río en algunas partes era violento por su caudal, en otras apacible, con medianas y grandes piedras en sus orillas y en el interior de su corriente, también.

Tenía el horizonte algo de similitud a los paisajes de montaña de su tierra de infiernos. Él recordó, instintivamente, una hermosa e inolvidable canción de la tierra que cruzaba: «Yo nací en esta ribera del Arauca vibrador, soy hermano de la espuma, de las garzas, de las rosas, soy hermano de la espuma, de las garzas, de las rosas, y del sol, y del sol…». Tan solo de tararearla en la mente se le erizaba la piel, lo conmovía al punto del llanto al imaginar la patria amada en la distancia y, aparentaba, no saber el por qué.

—¿Qué te sucede, Puro? —indagó El Flaco al verlo visiblemente emocionado.

—Nada… —Solo dijo él conteniendo la expresión y continuó caminando con prisa.

—¿Nada? Te noto diferente, conmovido..., no sé...

—Te digo que no es nada..., no insistas... —Con un nudo en la garganta.

Era la emoción del amor patrio, de ese sentimiento de estimable pertenencia al lugar donde se ha nacido o vivido, y que, identificado por cualquier razón nos sacudía la piel, explotaba en el pecho y los ojos, «asegura que uno tiene raíces en un lugar específico».

Buscamos, en compañía del grupo al que nos habíamos sumado, el mejor lugar para atravesar la frontera sin ser vistos y salir, sin contratiempos, a un poblado de la Cuarta Tierra de Infiernos, —según algunos— aún más peligrosa que la que dejábamos atrás.

La mora hermosa caminaba delante, con seguridad acompañada por uno que otro familiar. Cada uno de nosotros no le quitábamos ni pie ni pisada. Su largo vestido y sus espléndidas piernas, su larga cabellera ondulada al aire, sus caderas bamboleantes bajo las flores del estampado enunciaban las hermosas curvas de su desnudez. «Divina presencia para atravesar el río, divina presencia para cambiar de infiernos. El río que no era animal manso, y los infiernos con sus similitudes y diferencias».

Encontramos un espacio por donde las enormes piedras nos evitarían que cruzáramos la corriente en el más fuerte golpe de agua. Aun así, era difícil rodear o caminar sobre los pedruscos y romper con las piernas la fuerza de la corriente de agua.

Muchos caían o se rallaban sus pieles con la dureza de las piedras —llamadas chinas pelonas en la tierra patria—. El grupo nuestro con las mochilas a las espaldas, no sufrió grandes percances para vernos en la otra orilla, a pesar de su escasa experiencia en tales andadas.

De repente escuchamos un ruido como de hélices, o parecido a un motor de un helicóptero, y efectivamente, era una nave militar que sobrevolaba los árboles y el río en la dirección de su cauce; todos entramos corriendo en la tupida selva. Luego del silencio, nos hicimos al trillo por donde la mora continuó caminando con sus familiares. «Bien que podíamos calificar a la mora como nuestra guía».

—Puro, Puro, ¡lo logramos! —me dijo Kiko Soplete con una palmada en el hombro y una amplia sonrisa que brillaba como el agua que se desprendía de su cuerpo.

—Claro que lo lograremos..., no lo dudes..., claro que se puede..., y se podrá... —Y sonrió por alguna frase de recuerdo.

—Así se habla Puro... estás identificado con la tarea... eres uno de nuestros más valientes miembros del partido... —Y se echó a reír El Pejecito que recién se había incorporado.

En ese momento todos pensábamos que eso era lo más difícil que podíamos pasar en el camino. Acostumbrados a la nobleza de un clima insular no dejábamos de suponer un pacífico tránsito camino a la Oncena Tierra. «¡Qué equivocados estábamos! Solo era el inicio de la espectacular lucha contra la vegetación salvaje en el afán de vencer el trayecto».

A sus espaldas, en la lejanía, empezó a sonar una guitarra y una voz entonó una letra: «Llevo tu luz y tu aroma en mi piel, y el cuatro en el corazón, llevo en mi sangre la espuma del mar y tu horizonte en mis ojos...». Era una casualidad en forma de despedida, era quizás la voz de una pequeña, de una joven, no podría definir bien.

—¡Puro, Puro...!, nos fuimos..., nos vemos ya tú sabes donde..., con una pierna de jamón a rastras y tomando cerveza..., mucha cerveza, ¡Puro...! —ratificó contento El Mellizo al pasar por mi lado.

—Llegaremos, llegaremos, no lo dudes... —le dije como otras tantas veces lo haría.

Entonces repasé en cómo había surgido mi apodo de El Puro. Fue un amigo del pueblo que, al verme con barba, teniendo relaciones con una mujer mayor y con hijos me había nombrado en broma El Puro, en contraposición con mi juventud y como sinónimo de ser una persona de edad avanzada por influencias de mi pareja. Al final nunca más me llamó por mi nombre.

Mis compañeros de viaje, una que otra vez allá en el pueblo, lo habían escuchado llamarme por semejante sobrenombre y comenzaron a nombrarme de igual forma. Ya casi no me conocían por el nombre puesto por mamá y papá en el acta de nacimiento, que era el apelativo de mi abuelo paterno, si no por El Puro.

El amigo, ocurrente autor de mi apodo y a quien llamo también El Puro, es poeta y escritor. Pensando en él, me dije —mientras caminaba entre los grandes árboles en busca del primer poblado de la Cuarta Tierra—: «¡qué bueno sería contar sobre el papel la historia que vivimos!».

CAPÍTULO 2

CUARTA TIERRA DE INFIERNOS

Nunca había visto dos fronteras tan cerca una de otra. No es que tuviera mucha experiencia de cruzar fronteras, solo vivía aquel instante preciso al entrar en la Cuarta Tierra y se le ocurría tal pensamiento. «Tal vez en otras circunstancias por vivir podré decir lo mismo», supuso, teniendo presente que largo era el camino. Sin embargo, era la primera vez que saltaba de una parte de la línea hacia la otra en tierra firme. Había cruzado líneas de fronteras en el aire, línea de fronteras en el mar, «pero es mi primer cruce de fronteras terrestres».

Nací en una isla y pudiera parecer que estoy equivocado: una línea de frontera no es dos fronteras, sino una sola, al menos en el mapa. Lo que sucedía era probablemente eso: antes pensaba que la frontera solo era una línea divisoria y nada más, y no es así; existen los llamados puestos fronterizos de un lado y de otro, cada lugar debe cuidar sus intereses, y entre ellos —en esta ocasión—, además, se encontraban un río, aguas y piedras, y las infaltables dudas e incertidumbre.

«Es una sola frontera y a la vez son dos. Es una línea divisoria y a la vez dos líneas marcando confines de tierras y de hombres, una de aquí para allá, otra de allá para acá...», pensé absorto mientras no dejaba de cuidar los movimientos por donde iba y lo que sucedía a nuestro alrededor. «O podían ser múltiples fronteras: la línea, el río, la ribera, las piedras, las nubes, el aire, los pasos fronterizos y hasta los mismos guardias podrían ser cada uno otra frontera..., una frontera los de allá, una frontera los de acá...», terminé por justificar sumido en mi estado de obnubilación.

Ahora, cuando ya quedaban atrás los primeros pueblos de la Cuarta Tierra de Infiernos después de tomar camiones y autobuses para adelantar camino, y se acercara a cruzar la cordillera para llegar de nuevo al mar, recuerda lo que concibió motivado por el simbolismo de cruzar una frontera. No sabía de dónde le surgió la idea, pero lo hizo.

Probó el influjo espiritual de los dos mundos en un acto de buena fe: puso un pie en la Tercera Tierra y el otro en la Cuarta Tierra de Infiernos —al menos en lo que suponía era ya parte de cada lugar—. Y así permaneció por un largo rato con los ojos cerrados y hundiendo su pensamiento en una vorágine de sensaciones positivas, justo hasta que El Mellizo le conminó a seguir avanzando.

Quizás no había sido tanto tiempo, solo segundos. Pero sus piernas y sus brazos abiertos de par en par lo hicieron explotar de energías en un tiempo infinito. En unos segundos el pasado se unió con el futuro en un presente continuo donde todas las tierras de infiernos anteriores y las futuras fueron una sola en la línea divisoria.

La Cuarta Tierra presumía, en los parajes que franqueaban, un salvajismo vegetal de siglos, era como si —a pesar de que por allí pasaban todos los días cientos de personas— las plantas, las rocas y las aguas no se enteraran de la fuerza humana sobre ellos. Y todo continuara igual que cuando Dios o la naturaleza lo hubieran creado.

Con esa vaga idea El Puro y los cincos acompañantes se unieron a un nuevo grupo de viajeros. Atrás había quedado la imagen de la hermosa mora de la frontera, su pecaminosa desnudez bajo el vestido se esfumó en una de las paradas de la buseta en el camino y se alejó definitivamente en busca de la gran ciudad. Ellos quedaron como niños desamparados a mitad de la vida, desprovistos de sus hermosos senos y sus piernas para seguir alimentando la esperanza.

En estos instantes otras moras, menos agraciadas —solitarias o con niños a cargo— y de todas las edades, caminaban en larga fila junto a ellos. En los grupos muchos llevaban grandes bolsos, cajas y hasta maletas. Parecían ir de viaje de recreo y no de viaje de subsistencia camino a la supuesta salvación. «No sé cómo pueden», me dije mientras los veía avanzar con dificultad entre la maleza y el fango o subiendo pequeñas elevaciones.

—Pudiera parecer extraño —comenté al llegar a un escampado—, pero es como si hubiésemos contratados guías para que nos condujeran por la ruta.

—Así mismo es..., los guías aparecen como las piedras... —susurró El Cuñado, en el minuto que se sentaba frente a mí, en el suelo.

—...pero son piedras rodantes..., digo yo —ratificó Kiko en un acto de lucidez.

—Bueno, de algo deben vivir... —El Cuñado, más observador.

—Dicen que ahora viene la parte más cabrona, debemos cruzar estas montañas a como dé lugar..., será muy difícil... —agregó El Mellizo, y señaló hacia delante una serie de elevaciones que ascendían hasta las mismísimas nubes.

Nadie de nuestro pequeño grupo vivió antes realidad parecida en carne propia, sólo eran referencias de historias contadas por las amistades en viajes acontecidos meses y años antes. Nuestros amigos nos compartieron un acercamiento a los hechos a través de mensajes por las redes sociales. Sin embargo, todos los sabíamos: «no era lo mismo leerlo, que vivirlo..., debíamos tenerlo bien presente».

—Un conocido en el grupo anterior nos dijo que debemos subir hasta Alta Piedra, y desde allí tomar un carro para que nos adelante en las lomas de la sierra... —argumenta El Pejecito, con la seguridad de alguien que nada lo atormenta.

—Bueno, vamos, ya hay muchos que avanzan... —expuse resueltamente sin pensar mucho.

—Sí, vamos a ver si el día nos da para llegar a buen lugar...

Cuando alcanzamos a Alta Piedra era mediodía nublado y algo lluvioso. Mi estómago volvió a protestar como tantas jornadas atrás que no probaba comida caliente. «Estoy como un bebé mal alimentado: solo me sustento con galleticas, caramelos y dulces en barras».

En la explanada, justo donde debíamos subir al *Jeep*, una señora de edad avanzada y con vestimenta tradicional vendía comida. Al probar una extraña mezcla de masa de maíz con ingredientes típicos, muy similar a las arepas de la Tercera Tierra, puso mi boca bajo puro fuego de fogón.

También bebimos un agua de sabor rancio, al parecer fermentada y refrescante, similar a nuestro prú oriental. Mis amigos solo me miraban, pero no podíamos decir que no, ya a algunos se nos estaban cayendo los pantalones y solo había acontecido un poco más de una semana de la salida de la Segunda Tierra de Infiernos. Teníamos que comer por necesidad y por obligación también.

—Vamos paisas..., ya debemos salir, se hace tarde... —nos llamó el encargado de transportarnos, con el cual hablamos momentos antes de comer algo.

—Ya vamos paisa, déjenos hacer aguas un momento..., que tengo la pecera llena —le respondió El Pejecito con una sonrisa ante la cara de asombro del que le llamara paisa.

Y entonces fue que se inició el viaje entre la vegetación inhóspita. El motor del carro ronroneaba con un lenguaje más plácido que la lancha por el río, pero era la misma lucha de la fuerza mecánica del hierro y las explosiones continuas para vencer las contrariedades de la naturaleza, ahora más indoblegables.

Después de unos pocos kilómetros dejamos atrás la apacible explanada y entramos en puro camino de montañas al borde de los precipicios. Al principio fue el disfrute del verdor de la tarde que recién comenzaba, el sentir la fría brisa, apreciar la distancia hasta donde se perdían los ojos entre ríos, árboles y techos de construcciones aisladas. Luego fue el susto, el temor a vernos dando vueltas caída al fondo.

Al chofer nada importaba. Para él era normal aquellos atajos tomados, los resbaladizos repentinos de las gomas, detenerse y buscar un lugar donde pudiera pasar el carro que viniese en dirección contraria. Para nosotros era otra prueba de la naturaleza prodigiosa e infernal de nuestras tierras.

Solo en una oportunidad El Puro había vivido semejante experiencia, y fue en cierta ocasión al ir al plan de la escuela al campo en plena sierra y debieron tomar un camino parecido encima de un carro militar. Mientras lo recordaba en su oído sintió unas palabras: «Puro, me duele el estómago...». A lo que él respondió: «...no te preocupes, que no es la comida de la vieja, es que estamos cagados...».

Él comentó la frase a tan alto volumen que todos los que estaban alrededor, apretados como sardinas en lata, echaron a reírse a carcajadas fueran o no de la Primera Tierra de Infiernos y entendieran el chiste. Seguro todos reían para relajar los nervios, nadie podía afirmar que no era víctima del temor por las alturas y el abismo, ni el mismo El Pejecito.

Pese a todo susto, el paisaje era admirable. Tal vez por eso El Pejecito llevaba los ojos bien abiertos, perdidos en el fondo del abismo; podría decirse que disfrutaba el momento. En otras oportunidades su rostro cobraba una fuerza telúrica de temor que curtía sus carnes en la desesperación, y cerraba los ojos.

El Puro, a veces miraba entre los cuerpos que se le interponían con el paisaje y veía columnas de humo o techos de largas naves construidas a mitad del inmenso verdor.

No le eran desconocidas, pero en muchas ocasiones creyó que solo podían ser suposiciones o espejismos que le inventaba el gran temor que sentía. «No solo los desiertos producen la sensación de ver lo que no existe, también tanto verde, tanta roca, tanto despeñadero, tanto miedo e incertidumbre daban la misma sensación».

En ese instante una cumbre lejana y desierta, le recordó un pasaje en la marcha del ejército de El Libertador por lugares semejantes. Fue la ocasión en que mirando a una montaña de piedra similar El Libertador soñó con la expulsión de los colonialistas y la unión de todos los pueblos liberados del sur. Al pensar en ello se emocionó y se dijo: «¡Siempre en grandes tiempos, se realizan grandes proezas!», y sonrió sarcásticamente para relajarse.

—Hay que tener valor, mucho valor —comentó a propósito El Flaco, que tenía el rostro colorado.

—Somos unos cojonudos, hermano... —expuso El Mellizo, a lo que Kiko ripostó:

—Nos hacen ser unos cojonudos dentro y fuera de la Isla, que no es lo mismo...

—Así es..., así es..., estoy con ustedes, que no es lo mismo; pero es igual..., —El Cuñado, algo fanfarrón.

—Pero hay que seguir, lo dijeron ustedes, Matatanes... —dijo El Puro.

Después de incontables curvas y decenas de kilómetros devorados por el Jeep entre las faldas de las montañas y el abismo, el motor se detuvo. Ya caía con aplomo repentino las sombras de la tarde sobre los alrededores. Habíamos llegado al poblado final del viaje. Se acababa el camino por más estrecho y escabroso que pareciera.

—¡Llegamos, a partir de aquí el camino se hace a pie...! —nos dijo alguien de al lado.

—A dos kilómetros han improvisado un campamento para viajeros como ustedes..., es mejor que se apuren y lleguen antes de caer la noche para que duerman con algunas condiciones y mañana continúen camino —informó el chofer que nos había traído hasta el lugar.

Subiendo la cuesta empinada, y sin saber que lo había motivado, la imagen de Yasmeen, mi niña amada, y mi esposa me vinieron de golpe al pensamiento. No había dejado de pensar ni un instante en ellas, pero lo hacía secretamente, ahora al descubierto, la tristeza me invadió: «sería falso no admitir que el sacrificio era completamente por ellas».

Soñaba también con ayudar a mi madre si mejoraba la vida después de meses de estancia en la aparente menos infernal Oncena Tierra. Sin embargo, a mi madre le importaba poco las mejoras económicas que pudiera tener con mi estancia allá. No estaba de acuerdo con mi decisión, para ser consciente, mi madre odiaba a la Oncena Tierra y su gobierno. Y, por supuesto, ninguna recompensa esperaba y ningún beneficio pretendía obtener de allá.

Miré hacia abajo por el trillo y entre la larga fila de personas que subían pude ver a Kiko, Ale, Mano, El Mellizo y El Cuñado; todos ellos cargaban agonías semejantes. Todos sufrían por dejar atrás a sus familiares, a sus personas amadas, a sus pertenencias, a sus historias y recuerdos también. Y el resto de los desconocidos que nos acompañaban —fatigados y con sueños de alivios—, igualmente recorrían los caminos con sus espaldas repletas de agonías similares a nuestras agonías.

«Mi madre podría no estar de acuerdo con el comportamiento del gobierno de la Oncena Tierra, pero igual o peor era el proceder del gobierno de la Primera Tierra, nuestra Patria, que solo tomaban medidas en beneficio de los infernarios cuando tenían el agua al cuello y estaban por ahogarse sus pretensiones de dominio total; entonces hacían en un momento lo que años atrás no le había salido de los «cojones» hacer para bien de todos.

«La filosofía de régimen de algunas tierras de infiernos es mantener, generación por generación, un dominio subliminal bajo un manto de bondad todopoderosa que causa daños supuestamente imperceptibles, pero que a la larga es una condena difícil de soportar». Ahora atravesaba —en certeza— una tierra con igual o peor situación. Una tierra de infierno donde la condena era inexplicable y no parecía tener fin.

Por mucho que hicimos el trayecto a prisas llegamos de noche. En cambio, encontramos luces encendidas y lugares en el piso del campamento para dormir. Comimos y tomamos algo y otra vez sin bañarnos nos llevaron a una especie de estera para dormir. No sin antes pagar el dinero solicitado por los que atendían el campamento, a quien le llamamos Los Lagartos por estar vestidos significativamente.

Estos Lagartos del sur color paño eran, al parecer, algunos lugareños y uno que otro llegado desde terrenos distantes que hicieron de las largas filas de viajeros sus formas de vivir, por ánimo propio, azar o sugerencia de alguien cercano a sus infiernos personales.

Yo solo recordaba la historia de mi abuelo materno buscando trabajo decenas de años atrás por extensas zonas de cañaverales, y la experiencia de mi padre con la famosa zafra del setenta: «...para mi gusto esto es un campamento cañero; o cafetalero, para estar a mejor tono».

Dormimos decenas de personas en el mismo lugar, algo a lo que no estábamos acostumbrados y que, en los últimos días, las circunstancias nos obligaron a hacer. Ante la experiencia inapropiada, dormimos bien; a pesar de las dificultades, el cansancio nos vence de todas formas y nos convertimos en piedras humanas. Sólo un poco antes del amanecer sentimos unas explosiones, se escucharon tan lejanas que no motivaron desvelo para nadie.

Nos levantamos antes que el sol, listos para empezar a caminar. Desayunamos con otra bola de maíz de gusto extraño y una bebida caliente de hojas difícil de describir en sabor. Nuestros estómagos cada día se debilitaban más.

Y nos hicimos al camino, largo el trillo entre ramas de arbustos y las piedras de las montañas. Delante siempre un guía, un Lagarto de la región, una persona que nos conducía hacia los ojos, las manos y los pies de otra que continuaba al frente de la larga fila. Era como una carrera de relevo para ellos, para nosotros una carrera de fondo por etapas, casi siempre diurnas. Para todos, unas vueltas al óvalo de las circunstancias en determinado momento de nuestras existencias.

Primeramente, transitamos —hasta que el sol estaba en su punto más alto— por un sendero que ascendía y descendía entre grandes árboles y que pocas veces nos aprobaba ver el cielo abierto. En una que otra oportunidad oteaba a lo largo de la posible ruta, en una de ellas pude ver en un acampado distante unas ruinas de casuchas quemadas por un fuego reciente y unos cuerpos tirados en el suelo, no sé por qué extraña razón las débiles explosiones de la madrugada me volvieron a sonar en la cabeza. No olvidaba que la Cuarta Tierra era tal vez la más violenta tierra de infiernos.

Todas eran jornadas agotadoras que nos hacían pensar en las busetas, los autos y los Jeep que dejamos atrás. Cuando teníamos la posibilidad del descanso, comíamos algo que aparecía y nos sentábamos en el mejor lugar.

—Puro, quiero que me respondas una pregunta con la mayor sinceridad...

—Dime Mellizo...

—¿A quién se le ocurrió la idea de irnos a vivir a la Oncena Tierra de Infiernos?

—...a la vida..., Mellizo, a la vida...

—...a la vida de perros que vivíamos... —agregó y los que estaban cercanos se echaron a reír.

—Puro, tú te imaginas un plato de congrí con tamal, un fricasé de carne de puerco, aguacate y hasta unos tostoncitos... —Describió El Cuñado una buena comida típica de la Primera Tierra de Infiernos, nuestra Patria.

—...se me salen las babas... —El Pejecito.

—Qué dolor en el estómago... —Ale El Flaco.

—¿Y ese dolor...? —El Mellizo.

—...la carne de puerco que me comí ahora mismo... —El Flaco, y aplaudiendo lanzó una estertórea carcajada.

Y todos echamos grandes risotadas, tan altas que el resto del grupo volvió sus ojos hacia nosotros.

—Vamos..., el camino es largo... —pidió el guía; El Lagarto.

Todos nos pusimos de pie. El camino ahora era en descenso, iríamos en busca de la ribera del río, según el guía éste era el tramo más noble, se avecinaban los riscos, la furia del agua y de los animales salvajes; «si caminamos a buen ritmo mañana podemos llegar a la naturaleza cruel».

Por ahora debíamos prestar total atención a los bordes del trillo, a los árboles, la serpiente que nombraban «Tres Pasos» acechaba en cualquier lugar.

Le dicen «Tres Pasos» porque aseguran que después de la picadura la víctima sólo camina tres pasos y cae muerta; me explicaron. Ya no era el temor por vernos juntos a un carro dando vueltas hasta el fondo del abismo; ahora se sumaba la picadura y el veneno mortal de una serpiente.

En la Primera Tierra de Infiernos, por lo general, no hay precipicios abundantes ni peligrosos a la orilla de la carretera, ni serpiente alguna venenosa. Esa tierra es generalmente bendita con el clima, la topografía y los animales terrestres y marítimos. «Los malos son los hombres cabezones y de barrigas grandes con poder; como el funcionario de emigración de la Tercera Tierra, aunque los de allá lo hacen en silencio y a escondidas».

Ahora recordaba la cantidad de veces que había ido a pescar para sobrevivir y no corría el más mínimo riesgo, igual era en las montañas de la sierra donde sólo se iba a buscar comida. En la Primera Tierra de Infiernos no hay animales ni muchas circunstancias de vida dañinas. «La peor lucha de subsistencia es contra los gubernativos aprovechados», razonó El Puro.

La sierra de la Cuarta Tierra era muy diferente. A intervalos batía un airecillo frío que bajaba de las mismísimas cumbres, la tierra húmeda y el fango hacían intransitable el trillo de descenso, las mujeres se quejaban, los niños gemían.

«Era increíble que madres con niños de diferentes edades arriesgaran sus vidas...». «Solo la desesperación, y la miseria podrían lanzarlos al riesgo total...», se respondió El Puro en una continuación de pensamiento que le perpetuaban otras razones para llamarles tierras de infiernos.

Las sombras de la tarde avanzaron con rapidez por la cercanía de las altas montañas. Esta noche, como no alcanzaba el tiempo para llegar a mejor sitio, dormiríamos en las llamadas tiendas de campaña. Nosotros habíamos comprado una sola donde nos echaríamos como sardinas y perros.

—¡Ay...! ¡Qué dolor, coño, qué dolor...! —Alguien lanzó un grito al aire que se confundió con un lamento.

Se sintió muy cerca de nosotros, a contados pasos. De repente vimos caer un joven a tierra. Próximas a su pie izquierdo dos serpientes se levantaron por unos segundos y luego se arrastraron, entre los ramajos, en busca de los troncos de los árboles de nombres desconocidos.

—¡Cojone...! —vociferó El Mellizo.

—¡Dios mío! —exclamó El Pejecito.

—¡Santa Bárbara...! — aclamó Kiko.

El muchacho boqueaba como pez fuera del agua, retorciéndose en el fango, tratando de respirar y masajearse la pierna donde, supuestamente por la letalidad de la dosis de veneno, las dos serpientes lo mordieron. Pareció ser más tiempo, pero solo fueron segundos. Al instante su cuerpo completo quedó rígido. «No dio ni dos pasos...», pensé.

—Vamos a enterrarlo... —dijo El Pejecito.

—Ni lo pienses, yo no iré adentro de la maleza... —Kiko impresionado.

Todos nos miramos llenos de temor.

—¡Enterrarlo? —Se asombró y preguntó al mismo tiempo el guía que se había incorporado al grupo de espectadores y añadió—: ¡Ni lo intenten..., perdemos tiempo y se corren más riesgos...! Mejor lo tomamos y lo lanzamos por el abismo más cercano y menos peligroso para nosotros...

—Pero es un ser humano... —Se alteró Ale.

—...y nosotros también... —expuso uno de los que miraban y no era de nuestro grupo estrecho.

—Creo que es de nuestra Primera Tierra... —solo murmuró El Pejecito.

—Vamos, hagamos lo que dijo el guía... El muchacho andaba solo..., debemos de ayudar, no podemos dejarlo ahí tirado..., que para algo fuimos compatriotas... —concluí.

La noche se hizo inminente, los árboles más altos y el lugar más que inhóspito. Llegamos a un espacio donde la maleza era menos densa y se encontraban varias tiendas de campaña de diferentes colores y tipos en las que, a mi consideración, sus ocupantes descansaban para emprender al amanecer del otro día el camino.

Al menos eso pensamos. El trillo que llevábamos era de confluencia de muchas rutas. En el avance otros grupos de personas de las más diversas tierras de infiernos se habían sumado, muchos del este, desde donde habíamos partido y muchos más de las tierras de infiernos del sur. Así era: todos los días pasaban por allí personas de todas las tierras, por sorpresa los tomaba la noche y se daban al descanso.

—¡Qué mal olor...! —exclamó El Flaco.

—Huele como a carne podría... —rectificó El Pejecito.

—Viene de las tiendas... —dijo alguien después que el viento batió con mayores fuerzas.

—Miremos...

—Yo no voy... —dijo Ale y no le hicimos caso.

Nos acercamos a las lonas y los náilones, entonces —entre las penumbras— pudimos apreciar el panorama. Unas tiendas tenían los zippers cerrados, otras semiabiertos, y por el espacio sobresalían algunas manos y pies; en una se podía apreciar la cabeza de alguien sobre las hojas secas. Las tiendas más lejanas tenían sus lonas rasgadas. Quedamos estupefactos por varios segundos.

—¡Cojone...! —volvió a vociferar El Mellizo.

—¡Dios mío...! —volvió a exclamar El Pejecito.

—¡Santa Bárbara...! —Kiko.

—¿Qué sucedería aquí? —alguien indagó preocupado.

Nadie le respondió. Todos retrocedimos automáticamente. Yo cerré mis ojos en un momento y oré: «¡Dios mío, ampárame de ver algo semejante otra vez...!».

—Vamos a caminar doscientos metros más..., debe haber un mejor lugar para acampar... —nos solicitó el guía, sin referencias a los muertos, no hacía falta.

Acaecidos unos diez minutos El Flaco sintió que no conseguiría andar un paso más. El Mellizo dejó caer a tierra su bolsa. El Cuñado protestó: «no podemos, estamos agotados...». Una mujer de rostro indígena que nos seguía en la fila, con un niño a horcajadas sobre sus caderas, le miró profundamente con mirada indescifrable.

—¡Vamos...!, ¡qué no se diga...! —solo atiné a decir.

Avanzamos hasta donde las fuerzas nos dieron, y despedimos al suelo las mochilas.

—Ni un metro, ni otro centímetro..., no puedo... —expulsó Ale más aire y lamento que palabras por su boca y se dejó caer.

Nada importaba la serpiente Tres Pasos, ni cualquier otro animal. Sencillamente no podíamos más, armamos nuestra tienda y todos nos metimos adentro. Nos comimos dos galletas y un caramelo, un poco de agua y el sueño cayó con fuerza sobre nuestros cuerpos, aunque yo nunca dejaba de tener activado el sentido protector.

«Aquí no hay peste a muerto..., sí a sicote, grajo y sudor...», escuché la voz de alguien y la risa de otro; yo, por si acaso, me rascaba en silencio las verijas. «Y menos mal que no comemos casi, sino, ¿quién aguanta los peos...?», dijo un tercero y ya no escuché nada más.

La mañana era mucho más fría y sombreada que las anteriores. Una espesa niebla nos acompañaba. Fuimos descendiendo por el camino hasta que empezamos a escuchar un gran ruido. Nos acercábamos al río. Poseíamos un guía, pero no era difícil orientarnos en la ruta. Por doquier se encontraban pantalones, zapatos, maletines y maletas que los anteriores viajeros dejaban abandonados, —seguramente— por el peso y lo difícil que se hacía caminar con tanta dificultad.

Luego de dos horas de camino, cuando ya casi veíamos la ribera, hubo una parada y un breve discurso del guía: «Llegamos a los riscos. No existe otra posibilidad de acercarnos al río y cruzarlo que no sea bordear estas piedras, sencillamente hay que hacerlo con mucho cuidado, si resbalan pueden darse golpes con las piedras o precipitarse hasta el río y perder la vida. Adelante».

No sé los demás, pero a mí me temblaban las patas.

Fuimos subiendo y bajando grandes piedras. Hasta que la superficie de la tierra se convirtió en una gran roca negruzca que a ratos se hacía resbaladiza. Las sucias aguas del río no dejaban de sonar, rugían como si fueran las dueñas rotundas de todo lo que nos envolvía. Ya estaban en la más próxima inmediación de los ojos, eran otras de las barreras que debíamos de salvar para continuar camino a la siguiente tierra de infiernos.

—Llegamos al Paso de los Tres Dedos... —dijo El Lagarto.

—¿De los Tres Dedos? —indagó El Cuñado.

—Sí..., le llaman así porque hay que pasar en tres dedos de las manos y tres dedos de los pies..., es más bien en puntillas..., es el borde de un gran pedrusco que da al precipicio y así a otras rocas y al río en el fondo..., paso de los «Tres dedos» lo dicen los exagerados..., pero es falso...; sin embargo, ese es el nombre que le ha quedado...

—¡Cojone...! —Otra vez se alarmó El Mellizo.

—¡Dios mío...! — Otra vez exclamó El Pejecito.

—¡Santa Bárbara...! —Otra vez aclamó Kiko.

—Bueno, no hay problema... él que no lo pase se queda del lado de acá... no hay otra manera más fácil de pasar en decenas de kilómetros... si alguien no desea pasarlo se da vuelta atrás camina los cien kilómetros y baja al valle...

Permanecimos mirándonos por largo rato. El Pejecito, Ale y El Mellizo eran masas humanas inmutables. Kiko y El Cuñado parecían estar nerviosos, al igual que yo, por supuesto. La mujer de rasgos indígenas con el niño en brazo parecía sonreír. Los demás del grupo mostraban diferentes reacciones.

—Seré el primero, los espero del lado de la piedra... —expuso el guía y en menos de lo que imaginamos bordeó la piedra y atravesó hacia el otro lado. ¡Lagarto al fin...!

—Entonces..., no tenemos otra alternativa —expuse y me apresté para pasar.

—Espera Puro, el primero seré yo... —dijo El Pejecito.

—Pues vamos... —El Cuñado.

—Yo no pienso pasar por ahí... —El Flaco, de repente.

—Yo tampoco... —El Mellizo lo acompañó, agregando—: ...estoy muy gordo.

—Hay que hacerlo, hermanos..., no hay otra opción, ya escucharon al guía —les dije seguro.

—Estamos obligados —ratificó Kiko.

Mientras los integrantes del pequeño grupo que habíamos partido de la Segunda Tierra de Infiernos nos decidíamos para el cruce, la mujer de ascendencia indígena amarró a sus espaldas su hijo y fue poco a poco circunvalando la piedra no sin dejar de mirar a El Flaco, que no dejaba de lamentarse y exponer razones para no cruzar.

Abajo, entre las piedras y los ramajos que pasaban veloces, el río bramaba como un toro en pleno combate con cualquier otro animal. El agua era de un color chocolate, casi el mismo color del famoso chocolatín que tanto prometió el gobierno de la Primera Tierra y solo se le vio por unos meses, «¡como todo!». Entonces de nuevo mi amada Yasmeen vino a mis ojos y dije: «me voy..., allá ustedes...». Y no esperé más.

No era broma, «había que tener un gran valor y creer mucho en el Onceno Sueño para hacer semejante travesía». En la columna, el peso de la mochila era un dolor lacerante, vertical. Mis botas crujían y su suela se aferraba a la rugosidad de la piedra como tabla de salvación. Pero por Yasmeen, por mi esposa, por mi mismísima madre y por mí, lo hice.

El guía manifestó que llamarle Tres Dedos era una exageración, yo sentía que me apoyaba en un solo dedo para caminar. Pensé otra vez en mi pueblo, en mi familia, «ellos ni imaginaban lo que estaba pasando.

Por un momento no quise perder la visión del lugar y miré abajo, entre mis extremidades se abría un abismo finito en los filos de las piedras de la orilla del acantilado, del río y en sus aguas turbulentas. Era la pura imagen del pánico; si las fuerzas flaqueaban o resbalábamos era el final de la historia de nuestras vidas. Por unos instantes me pareció ver el cuerpo de una mujer negra sobre una piedra. «¡Qué cojones teníamos!», me dije y a contados metros vi tambalearse a varios de los que me seguían.

Cuando volví a mirar a mi costado ya tenía adheridos a mi cuerpo el resto del grupo, todos —uno por uno— me habían seguido después de la decisión. «Vale la pena ser el más viejo y el líder», recapacité.

No había oportunidad para una foto, pero los ojos se llevarían para siempre la tensa carne de los rostros, el brillo incomprensible de las ajenas miradas, los dedos de las manos y los pies en actitud de combate como si fueran garras, y el sudor brotando de cada poro en medio de una fría mañana.

El aire también inventaba acciones de las suyas y batía con mediana intensidad. No sé por qué, repentinamente, me vino a la cabeza algunas escenas de filmes hechos en la Oncena Tierra, «en el lugar de destino —al parecer— conocían los percances que corríamos muchos antes de llegar a la frontera sur de su jurisdicción».

Por fin alcancé el arbusto al final de la piedra y salté a tierra, o a una piedra mucho más plana y firme, no sabía decir con claridad, pero ya estaba a salvo de no despeñarme por cualquier flaqueza y morir en el abismo entre piedras y aguas.

Detrás de mí saltaron El Pejecito, El Cuñado, Kiko, El Flaco y El Mellizo. Estos dos últimos cayeron en tierra como cuerpos despojados de todas sus fuerzas, como sacos de azúcar lanzado por un estibador.

El Pejecito y Kiko enarbolaban jadeantes carcajadas. Recostados sobre el negruzco suelo.

Y los demás no dejaban de lanzar exclamaciones: «...mi madre querida, mamacita linda, cojone, ¡qué duro es esto...!», El Cuñado; «¡Dios mío, gracias por tu salvación y tu infinito amor...!», El Flaco; «me muero, papá, me muero... ¿quién me mandó?, ¡papá!, ¿quién me mandó?», El Mellizo. Yo me uní a la carcajada de Kiko y El Pejecito. La mujer indígena amamantaba a su hijo e igualmente sonreía.

—Mejor canta: «por culpa tuya falso gobernador, por culpa tuya..., por culpa tuya, que no sabes gobernar... ¡y repitan conmigo...!» —Kiko canturreó a El Mellizo.

—...o mejor puedes afinar: «...usted es el culpable de todas mis angustias, de todos mis quebrantos..., y de todas mis andanzas por tierras de infiernos...» —tarareó El Pejecito, también a El Mellizo.

—O Ale, puede entonar: «...estoy caga'o, mamacita estoy caga'o..., como si fuera integrante de Integración Sonora...» —agregué yo y ahora todos sí nos echamos a reír. Los demás nos miraban con caras extrañas.

Chupados dos caramelos, masticadas tres galleticas y un trozo de turrón, entonces bebimos suficiente agua. Cerca de una piedra encontramos un manantial del cristalino y frío líquido que brotaba, y saciamos la abundante sed que sentíamos. También llenamos nuestras botellas.

Ya con más fuerzas y más dispuestos volvimos a caminar. «Menos mal, ya se me estaba agotando la reserva de agua», comentó El Mellizo. Recorriendo una suave pendiente pronto llegamos al río.

—Aquí los dejo, del lado de allá encontrarán quien los ayude..., crucen el río, tomados de las manos como si fuera en una gran cadena..., avancen ahora, que no hay amenaza de una crecida..., mucha suerte para todos... —Nos aconsejó el guía, lanzando una mirada final a El Mellizo con una sonrisa en los labios. Saludó con las manos en forma de adiós y nos ofreció la espalda.

Y lo vimos alejarse por donde habíamos llegado. Ahora tenía que volverse sobre sus pasos: el mismo camino, las mismas piedras, los mismos asechos salvajes de animales y el clima hasta llegar de regreso al campamento. Pero como buen Lagarto, presuroso, desapareció confundido entre los colores de la vegetación.

«¡Qué vida, qué vida para todos en este infierno terrenal...!», me dije y cuando me volví alcé mi voz.

—¡Pues vamos...! —les dije a todos—, adelante que debemos cruzar el río..., vamos a hacer la cadena..., adelante..., nos espera la próxima frontera.

—Vamos, que para luego es tarde..., nos espera el porvenir... —dijo El Cuñado con buen ánimo.

Primeramente, iniciamos la cadena con hombres fuertes, intercalamos mujeres y niños entre hombres, fortaleciendo el medio y dejando para el final otros hombres fornidos, entre los que me encontraba yo, que sin ser ni alto ni fuerte me consideraba hábil.

Nuestra fila sería larga, nos encontrábamos allí nacidos de todas las tierras de los infiernos del sur, el este, el oeste y tierras aledañas por una única razón: cruzar a salvos.

Por donde atravesaríamos el río era de unos treinta metros de anchura, no era hondo, nos daba —en los lugares más profundos— a la cintura; pero sus aguas eran muy enérgicas y sucias, traían restos de cuantas cosas se encontraba a su paso desde las más altas montañas. Eran cientos de kilómetros que dejaba atrás, cientos de kilómetros que alimentaban su curso de aguas y de furias semejante a una serpiente enroscada en las faldas de la cordillera.

Nuestra serpiente de hombres, mujeres y niños también era larga y poseía una furia de abandono y tristeza que debía de liberar a toda costa. Así habíamos entrado al agua, llenos de fuerzas y sueños, otra vez en el medio de las piedras y la corriente, igualmente de los ramajos que arrastraba y podían golpearnos los más macizos y voluminosos o, los más finos, rasgar nuestras pieles.

Los primeros fueron avanzando poco a poco, tanteando el lecho del río y sus posibilidades. Era el lugar por donde cruzaban muchas rutas, solo continuábamos rutas trazadas, quedaban las huellas en las dos riberas. Ropas, zapatos, bolsos, diferentes objetos eran verdaderos guías inanimados que no permitirían extraviarnos.

Los hombres fuertes fueron avanzando metro a metro, a veces tropezaban con las piedras escondidas por el agua, luego resbalaban, caían, se levantaban y de nuevo se hacían al cruce.

Cuando bien avanzado tenían veinte o más metros, un golpe imprevisto de agua, salido aparentemente de la nada llegó y la parte del centro de la cadena humana fue cediendo y parecía sería arrastrada completamente por el agua. Los que iban delante tensaron sus brazos, los nuestros también, entonces grité:

—Fuerza, que nos arrastra la corriente y nos ahogamos..., abran las piernas para disminuir la presión del agua..., den pasos cortos..., y abran las piernas..., no podemos perder la cadena o el río terminará por arrastrarnos a todos...

—No se dejen arrastrar, cojones —El Mellizo.

—¡Ánimo, hermanos, y fuerza! —El Pejecito.

Y por mucho que advertí, justamente por el medio, uno de los jóvenes llegados de las extrañas tierras del sur se soltó y el agua lo hizo una caja de madera entre sus torbellinos. Se alejó con exclamaciones y dando vueltas a derecha e izquierda con la cabeza dentro y fuera del agua.

Algunos empezaron a gritar, a lamentarse, a pedirles a Dios, a llorar, pero gracias a que cercano se encontraba un hombre negro de fuerte constitución física y reaccionó con prontitud, la cadena de nuevo se armó como pudo y recompusieron la armazón.

Luego vimos a las espaldas que el joven llegó aparentemente bien hasta una ensenada donde la corriente del agua era débil y alcanzó, gracias a las piedras y los arbustos, la ribera contraria.

Constantemente las fuerzas flaqueaban y la cadena se retorcía, iba al agua, se levantaba. Gritos, lágrimas, expresiones de todo tipo se escuchaban. A veces, sobresalían exclamaciones de «¡cojone!», «¡Dios mío!», «¡Santa Bárbara!», y yo solo miraba a mis compañeros distribuidos por los diferentes eslabones de la cadena. Se luchó, se resistió, se avanzó y llegamos todos los del grupo a la orilla contraria. Y otra vez a tirarse sobre la tierra y a descansar mirando las altas copas de los árboles y el cielo.

Ya eran cerca de las cuatro de la tarde. Continuamos bajando por la ribera alcanzada en busca de un pequeño poblado donde nos habían dicho se podían contratar botes para navegar lo que nos quedaba de río, cruzar el mar y llegar cerca de la frontera, en la otra orilla. Hasta ahora nos había alcanzado la buena orientación y los guía.

Escuchamos historias de otros grupos que se extraviaron en su recorrido y tuvieron que retomar una y otra vez sus rutas. Así les habían acontecido muchos más días de camino, con su mayor gasto de comida, fuerzas, salud y energía espiritual.

Yo solo les decía una frase a mis amigos al respecto: «...hay que caminar duro y en buena dirección, entre más avancemos, más pronto llegamos, Dios va delante, nosotros detrás». Pero la noche nos alcanzó en un lugar donde había apenas sitio para dormir y nos convertimos en aves de paso buscando el lugar más apropiado.

—Y ahora, Puro, ¿dormimos de pie? —me preguntó El Cuñado.

—No faltaba más... —Se asombró Ale.

—Así mismo, señores..., a la derecha, la selva llena de animales salvajes y de árboles; adelante y atrás grandes piedras y fango; y a la izquierda, el caudaloso río... —argumentó El Pejecito.

—¿En qué lugar ponemos la tienda de campaña? —Kiko.

—Pero, bueno, ¡tenemos que dormir...! Estamos muy cansados —aseguré.

—...mal dormir..., dirás tú... —El Mellizo.

—Busquemos un espacio en la arena que deja el río en algunos lugares... —dije, encontrando quizás la tabla de salvación.

—Sí, y si viene una crecida y nos arrastra y nos ahoga dentro de la tienda... —observó Ale.

—Se sabe y ese es el riesgo... —le respondí.

El Pejecito lanzó una carcajada y exclamó: «Yo me salvo, soy El Pejecito, el mejor nadador...». Los demás sonrieron y le formaron bonches. «Abre la boquita pececito y respira... abre la boquita», le decían.

Por unos minutos me quedé mirándolo y recordé a su padre, por cuenta del cual le venía el sobrenombre de Pejecito; su padre era El Peje, un hombre ya mayor en edad, de estatura mediana y piel morena, muy trabajador y servicial, de buena reputación en el pueblo. Similar era el carácter del hijo. El hijo, en físico y carácter, era una copia del padre.

—Caballeros, no más «comedera de mierda», ¡eso lo sabíamos antes de empezar...! ...en este juego podemos perder la vida —El Cuñado.

—Busquemos el mejor lugar y que Santa Bárbara nos ampare siempre... —Kiko, trayendo a colación su santo protector, y agregó: ¡protégeme Changó!

Así hicimos y, aunque Ale y El Mellizo se demoraron en entrar a la tienda para dormir, a todos nos venció el cansancio.

—Yo pensaba que iban a dormir sobre las piedras —le dijo El Cuñado a Ale y El Mellizo al despertar.

—No jodas... —le respondió Ale.

—Hoy sí amanecí con hambre, ¡Dios mío! —exclamé.

—¿Cuándo volveremos a tomar un rico desayuno? —Suspiró El Pejecito.

—¿Quién sabe...?

—Café claro con pan, aunque sea... —Kiko.

—Me conformaría con unas yucas con gandinga de puerco y una jarra de café con leche... —El Mellizo, alzando la mirada al cielo y con una mano posesionada en medio de su estómago.

Todos sonreímos.

—Vamos, que ya hay claridad, adelantemos, dejemos de soñar en medio de la selva..., hoy seguro llegamos a un buen lugar donde comer y beber..., se los aseguro —les afirmé.

—Así mismo... —Se entusiasmó El Mellizo.

Otra vez las piedras, las arenas, el fango cercano a la selva y los árboles poderosos. Otra vez la angustia y el recuerdo de nuestros familiares, otra vez el camino para llegar al próximo poblado y la posibilidad del traslado por el río en busca del ancho y grandioso mar.

Arribamos a la comunidad a las cuatro de la tarde.

—Deben esperar a mañana, a esta hora no salen embarcaciones —respondió a nuestra pregunta alguien que estaba cerca del muelle.

—¡Fatalidad...! —yo.

—Mejor así..., descansamos... —Ale.

—Le pagaremos bien... —Traté de convencerle.

—No es cuestión de pago, es muy tarde, si salen ahora la noche llegará a mitad de camino...

—Está bien, lo dijiste tú, Matatán..., descansaremos... —Acepté.

—Y comeremos y beberemos... —El Mellizo.

—¿Hay algún lugar para comer, beber y dormir? —le preguntamos a coro El Pejecito y yo al hombre con rostro de aspecto extraño.

—¡Claro que sí!, pregunte por Juana la Gorda... —fue su respuesta.

Nos encaminamos al interior del poblado. En verdad, ya las montañas ocultaban el sol, la claridad mayor entraba por el mismo espacio que el río abría entre los árboles de la selva en dirección al mar. El lugar se acercaba más en aspecto a una aldea que a un pueblo.

Llegamos a una casucha que tenía delante unas mesas improvisadas. «Debe ser aquí», dijo El Cuñado y efectivamente, cuando llamamos, una mujer obesa, y de unos sesenta años salió al cobertizo envuelta en un largo vestido. «Bienvenidos, pueden pasar», nos dijo y comenzó a ordenar las mesas.

—Nos han dicho que podemos comer y dormir aquí...

—Sí, pueden comer lo que tenemos y dormir en un campamento que hemos hecho detrás de la casa, solo tenemos cuatro paredes, piso y un techo...

—No se preocupe, por estos días nos hemos acostumbrado..., es suficiente...

—¿Qué tenemos para comer? —preguntó El Mellizo.

—Tenemos caldo de cebolla y cilantro con papa, arepa paisa y un buen café ardiente —dijo la mujer.

—Muy bueno, hace mucho tiempo que no probamos comida caliente...

—...cualquier cosa nos va bien... —rectificó Ale.

Mientras Juana la Gorda fue por la comida. Continuaron llegando muy cansados otras personas del grupo. Luego de unos minutos ya las pocas mesas del lugar estaban cubiertas.

Los otros recién llegados se sentaron en algunos troncos de árboles y bancas situadas en los rincones y las afueras del portal.

—Ustedes no creen que es muy temprano para comer... —subrayó Ale.

—Bueno, si tú quieres espera la hora de la cena... —dijo El Mellizo y todos echamos a reír.

—Mira..., ¡con el hambre que tengo! —exclamé.

—Es que yo ya no sé lo que es hambre... —El Cuñado.

—Ni yo, ¿qué cosa es eso...? —preguntó en broma El Mellizo y se echó a carcajear.

—...es..., ...es..., es..., ¡ay, no sé...! —El Pejecito pasó su mano derecha por su estómago.

—Ya viene... —dije y me quedé asombrado. Una bella joven con rasgos indígenas conducía los cuencos con los alimentos. No pude evitar la expresión—: Vaya, vaya..., ¡qué hermosa paisa viene a nosotros..., es sencillamente una preciosa paisa!

—Puro, siempre tú calificando... —señaló Kiko.

—Aquí tienen..., buen apetito..., —dijo la muchacha, un poco nerviosa ante tantos ojos que la miraban codiciosamente, y después de ubicar los cuencos se alejó.

—Caballeros no sean tan atacantes... —nos aconsejó El Pejecito.

—Dios mío... —exclamó Kiko.

—¡Santa Bárbara..., bárbara por delante y bárbara por detrás...! —exclamó El Pejecito, todos le miramos y volvimos a reír.

—Qué bueno, me echaron bastante papa..., desde que me dieron tres libras por la libreta hace dos años, no comía papa... —El Mellizo, y la carcajada en la mesa fue general.

—Bueno, te dieron las de los dos años en una sola ración, y hasta podríamos decir que estás en deuda... —Kiko y reímos a carcajada recordando los años en nuestra Patria querida.

Comimos aquellos alimentos como si fuera un manjar. Cuando terminamos, satisfechos y con sueño, ya la noche empezaba a caer sobre las casuchas de la aldea. Aquí el río no sonaba, era muy apacible si se le comparaba con el torrente que vimos bajar de la sierra.

Antes de dar la vuelta a la casa y salir en busca del campamento, observé, detenidamente, otra vez a la preciosura paisa. «Era sencillamente un aliento divino saber de su existencia en tan inhóspita tierra, era un ángel en aquella tierra de infiernos..., las bellezas raras siempre poseen particularidades que las hacen inolvidables», pensé.

Pronto nos fuimos a dormir. Juana la Gorda nos aconsejó bañarnos en unos excusados que tenía al finalizar la construcción, era el borde de la selva y el agua estaría demasiado fría, «y a las ranas y los sapos gigantescos de acá no quería verlos otra vez, muchos menos a las serpientes». «El baño en el río fue más que suficiente», me dije y preparé la lona sobre el piso improvisando un cómodo lecho y me quedé dormido.

Los muchachos continuaron conversando, creo, porque al amanecer todos permanecían durmiendo.

Se despertaron cuando al regreso de las mesas de Juana la Gorda, les dije: «hay desayuno, caliente y rico..., más caldo con torta de maíz y café caliente, todo acompañado de una belleza paisa única...».

Otra vez nos hicimos al río, en esta oportunidad en canoas con motores fuera de borda. Las había visto en películas y documentales. Ahora estábamos allí, sentados sobre el fondo de aquella embarcación que me recordaba los cayucos que hacía Chin Fo, allá en nuestro lejano pueblo.

Todos mostrábamos rostros afables y contentos, no era lo mismo tomar una canoa y bajar por el río hasta el mar que cruzar riscos, lodazales y ríos turbulentos. Una parte del gran grupo, en la que se encontraba la mujer indígena con el niño, montaron en la misma canoa. Los demás tomaron las otras embarcaciones.

De repente, cuando rosaba con mis manos la superficie acuática y el sol comenzaba a calentar con energía a los árboles de la ribera que simulaban una frondosa cortina de verdes brisas, escuché la voz del timonel que cantaba: «Tierra querida, himno de fe y armonía, cantemos, cantemos todos, grito de paz y alegría..., vivemos, siempre vivemos a nuestra patria querida, su suelo es una oración y es un canto de la vida..., su suelo es una oración y es un canto de la vida..., cantando, cantando yo viviré tierra querida...». «...Su suelo es una oración y es un canto de la vida..., cantando, cantando yo viviré tierra querida...», me repetí mentalmente los gratos acordes finales.

Poseía, el timonel, una voz clara y afinada. Entonaba la melodía con sentimiento desbordado, debía ser música tradicional de la Cuarta Tierra, nunca había escuchado aquella canción. Recordé —entonces— a mi Patria amada, también porque otros cantaban o tarareaban la melodía con enérgico entusiasmo.

Fueron horas de viaje en canoa sobre las aguas del río, a veces apacible, otras con medianas olas y en las demás oportunidades, el lecho arenoso del río hacía encallar la embarcación. Entumecidos por la posición de viaje llegamos a la desembocadura del río y nos abrimos al mar para bordear toda la costa en busca de la frontera de la Quinta Tierra de Infiernos.

Atrás quedaba la Cuarta Tierra, el más difícil y extraño recorrido que habíamos tenido en nuestras aspiraciones de llegar a la Oncena, donde todos nuestros sueños de vivir sin sobresaltos similares —supuestamente— se cumplirían y, además, podían florecer hasta nuevos sueños. Allí nunca tendríamos pesadillas, eso decían muchos. «No lo duden, no lo duden..., es el paraíso terrenal». Era conocido de El Puro que en sus clasificaciones terrenales no existía el paraíso.

A lo lejos se veía la costa de color indefinido y con su grandeza de convergencia del mar y la selva. Era un lugar único, un lugar para guardar en el recuerdo. Pero, sería en la memoria de su pensamiento, no podían hacerlo virtualmente, hacía mucho tiempo que las baterías de sus teléfonos móviles estaban descargadas. «Los ojos, el corazón y el cerebro debían vivir y guardar para siempre», se testificó.

La ruta hacia la presumida menos infernal tierra era en total aislamiento tecnológico, al menos por ahora. Las remembranzas debían de guardarse en el más profundo interior de la memoria personal como un tesoro del buen ánimo, del espíritu más exaltado y conmovedor que la persistencia le obsequiara a la vida.

Eran imágenes, sabores, emociones, sentimientos que almacenarían para siempre y que volverían a revivir cuando los aires de los valles, las sierras y las selvas del mundo retornaran a golpear con sus calmas y sus furias sobre sus existencias.

CAPÍTULO 3

QUINTA TIERRA DE INFIERNOS

Infernera, infernera... infernera, vida mía, yo quiero que tú me bailes al compás de la alegría..., yo quiero que tú me bailes al compás de la alegría...», cantó El Cuñado al poner sus dos pies sobre las arenas de la playa y comenzó a bailar.

Entonces El Mellizo, emocionado y uniéndose en el baile a El Cuñado, tarareó: «Levanta la botella Pepe Antonio, que no me gusta el velorio... Levanta la botella Pepe Antonio...». Al final de cuatro vueltas, se detuvo primeramente El Mellizo y exclamó: «¡un trago de ron, quiero un trago de ron!».

—Ahora sí..., jajaja... —exclamó Ale y todos reímos a carcajada, justo al bajarnos de la canoa que nos condujo hasta la Quinta Tierra de Infiernos.

—Ya vencimos otra etapa, dura etapa que nos tocó en la Cuarta Tierra —expresé acompañado de un suspiro final como para liberar las tensiones del viaje.

—Y eso que están cansados... —les decía El Pejecito a El Mellizo y a El Cuñado.

No aguanto más, en el próximo lugar que llegue compraré una botella de ron... —dijo El Mellizo y añadió—: Hasta ahora bastante bien me he comportado...

—Bueno, cuiden su dinero, su salud y las fuerzas para llegar..., no se los digo más...

—Hablando de comprar, tenemos que comprar comida de verdad y cocinar cuando halla oportunidad, si no..., nos vamos a morir de hambre..., ya no aguanto más..., extraño hasta el hambre de allá, no es la misma hambre, era un hambre más gordita... —Kiko, que nos convencía a todos con sus palabras.

—Pero, Puro, esto es muy duro..., debemos apaciguar la angustia e incentivar las fuerzas para el recorrido con unos buenos tragos de ron... —El Cuñado y agregó—: ...oye, qué buen estribillo se me ocurrió, escuchen mi canción: «Mira Puro..., esto está muy duro..., Mira Puro..., esto está muy duro... Oye Puro..., sácame del apuro..., Oye Puro..., sácame del apuro...» —canturreó por varios minutos dando palmadas en forma de clave sonera, mientras El Mellizo y Ale lo acompañaban y los demás reían a carcajadas.

—«Pues mira y oye Mellizo y compañía..., hagan lo que quieran..., que no es culpa mía...» —les respondí sonriendo y tratando de imitar su tarareo, pero más bien como si improvisara una décima cantada.

—Cambiamos de tierra, pero la vegetación sigue siendo la misma..., a veces me parece que estamos en el mismo lugar —señaló El Pejecito, variando el tema de la conversación.

—Muy cierto, es el mismo panorama... —ratifiqué.

Observé la larga línea de la costa. El sol calentaba con una furia que inducía momentos de fugacidad en los ojos, la verde y tupida vegetación que llegaba hasta las arenas y el fango del litoral establecía los bordes del continente en entradas y salientes muy irregulares. A lo lejos, otras canoas avanzaban hacia el punto donde nos encontrábamos.

—Bueno, vamos, el próximo objetivo es una comunidad que está al borde de la selva...

—¡Más selva...? —Ale.

—¿Qué tu pensaba...? —El Cuñado.

—Solo hemos cambiado de latitud..., porque la tierra es la misma...

—...y los infiernos del hombre, también...

—Adelante... —exclamó El Pejecito, se puso de pie y empezó a caminar.

Y volvimos a la fila, los trillos, el fango y las piedras, los altos árboles y un nuevo río. Un río que también venía de bajada de las grandes montañas de a lo lejos. Un río que cruzaríamos una y otra vez, pero ya de mejor forma con las experiencias de la tercera y cuarta tierras. Una vez a la derecha y el río ascendía, una vez a la izquierda y el río descendía; una vez apacible y otra rebelde, una vez sobre piedras y otras sobre las arenas; una y otra vez con el agua a los tobillos, las rodillas y hasta el pecho, en mi caso que soy pequeño y delgado. Y el río impetuoso en su poder acuático, en su poder de arrastrar todo lo que encontraba a su paso.

Llegamos a un gran escampado en las cercanías de la ribera. Allí descubrimos un gran campamento improvisado. Personas de todas las tierras de infiernos se hallaban. Entre los árboles y el fango habían construido chozuelas y pusieron tiendas de campaña, o, redes y hamacas amarradas a los arbustos para descansar. Sentí tristeza —recordé las historias en los mensajes de los amigos—, seguro algunas personas se habían quedado sin dinero en el camino, estaban cansados o enfermos, esperaban a otros que se perdieron, o aguardaban una ayuda monetaria. En fin, todas concurrían en un infierno intermedio en la ruta camino a la Oncena Tierra, la tierra prometida.

—Creo que es mejor hacer un breve descanso y echar a andar nuevamente, esto no es un buen lugar... —les comenté.

—Aquí debe haber ladrones... —El Cuñado.

—...enfermedades... —Ale.

—Aquí impera la Ley del monte... —El Pejecito y sonrió.

—Sí, es lo mejor..., debemos marcharnos pronto... —El Mellizo.

Nos unimos a un grupo que salía. Cuando miramos atrás vimos un enjambre de personas que desde todas direcciones llegaban al lugar. Hombres, mujeres y niños blancos e indígenas del sur, morunos y amarillos de las lejanas tierras de los infiernos del este se perdían en una masa oscura de viajeros provenientes de la más infernal y despreciada tierra isleña. Atrás también dejábamos habitantes coterráneos de la Primera Tierra de Infiernos que como nosotros intentaban lograr el Onceno Sueño.

Caminados unos diez kilómetros hallamos cerca del río unas casuchas y junto a ellas nos encontramos un grupo más numeroso de viajeros. Entre ellos destacaban los provenientes del este con sus ojos rasgados y los negros de la más pobre tierra infernal; en verdad estaban por doquier. Apenas llegamos allí y saludamos, nos dimos cuenta que un grupo de hombres morenos pequeños imponían sus caprichos, cómo se dice: «eran los dueños del lugar».

Solo tuvimos tiempo para beber un poco de agua y sentarnos a la sombra de los techos sin paredes cuando de repente se escucharon unos gritos que provenían de unos arbustos cercanos. Una adolescente, desnuda en su torso, corría hacia el grupo más numeroso de los negros. Al llegar, fue abrazada por un hombre alto y fuerte que comenzó a conversar con ella en un idioma desconocido. La muchacha sangraba desde sus entrepiernas.

En un instante los ojos del negro alto y fuerte se le llenaron de sangre, su color rojo intenso se reflejaba en sus tensos músculos. Desde los arbustos de donde minutos antes había salido la chica, dos hombres morenos y bajos se aproximaban al grupo. El negro corpulento esperó que los hombres morenos llegaran y sacó un gran machete.

«¡Dios mío, ampárame de ver cosas semejantes!», me dije otra vez como la noche de las cabañas en la sierra. En un momento todas las fuerzas del negro fueron a su brazo derecho y de allí al golpe del filo del machete sobre los cogotes de los dos hombres bajos y morenos, luego la imagen a mis ojos y de los ojos a mi memoria para siempre. Puedo decir que fue un segundo, pero sé que fue en varios segundos que el machete desmembró la cabeza de un primer hombre y otros segundos en que el negro se repuso y volvió sobre la cabeza del otro.

Todos estábamos pasmados; los dos hombres morenos que caminaron por unos instantes y cayeron a tierra, ultimados; los otros miembros de los grupos congregados allí que solo miraban; nosotros que presenciábamos el acontecimiento casi con los ojos cerrados y el resto de los compañeros de los hombres morenos que no atinaban a hacer nada y que despertaron cuando vieron al gran machete acercarse en busca de los cuellos de sus cuerpos.

Entonces sonó un disparo y en el pecho descubierto del negro se hizo un punto rojo que fue aumentando de tamaño y empezó a sangrar, luego otro punto y varios más, y sus rodillas fueron al piso, al fango de la Quinta Tierra de Infiernos.

Las mujeres del grupo de los negros empezaron a gritar por unos momentos, la niña se tapaba los ojos y lloraba. Varios hombres negros, similares al anterior se abalanzaron sobre los hombres morenos y bajitos. De repente la mano de uno de ellos se alzó y empezó a disparar hacia arriba, «atrás, atrás», vociferaba, vociferaban; «atrás, o disparo», «atrás, o disparamos», gritaba uno de ellos, gritaban varios de ellos.

—Vamos Puro, vámonos de aquí... ¡rápido! —me pedía con fuerzas Ale El Flaco y me agarraba por un brazo, tratando de alejarme del lugar.

—Pero muchacho..., muchacho..., ¡déjame! —le decía.

—Vamos Puro, estamos a veinte metros, pero todo puede pasar... —El Mellizo.

—¡Vamos, cojone, vamos, tenemos que irnos, esto se puede poner más feo...! —El Pejecito.

No me opuse a la idea. Era una coincidencia que estuviéramos allí y no buscábamos daño alguno para nosotros, y confirmé: «lo dijiste tú, Matatán...». Así que empezamos a caminar dejando a las espaldas a los dos grupos enfrentados. Al final, nos incorporamos a otros que habían hecho lo mismo y por inercia empezamos a correr. A la zaga se escuchaban todavía disparos sonando, gritos de llantos y de atención, y algunas mujeres y niños bailaban en torno al cadáver del negro.

De nuevo nos alejamos por la ribera, dispuestos hacia donde venía la corriente. Al cabo de unos minutos y ya alejados del lugar Kiko Soplete empezó a reír a carcajada: «¡qué cobardes somos, qué pendejos...», y no paraba de reír. Todos, sin dejar de tener los ojos asombrados reímos por contagio y Ale, solo decía: «Tengo el corazón que se me quiere salir...».

—...me duele el estómago... —El Cuñado.
—Y a mí me duele mucho la cabeza... —El Mellizo.
—Te habrá subido la presión... —Yo.
—Tienes algo con que tomártela... —El Pejecito.
—Claro que sí, pero no hace falta, me tomaré una pastilla... —El Mellizo, sacando de su mochila el esfigmómetro y un pomo blanco.
—Dios mío..., lo que hemos vivido en este viaje... —Kiko.
—Lo que nunca habíamos vivido..., de más está decir... —Yo.
—«...que si lo hubiéramos sabido..., no hubiéramos venido...» —Ale y El Pejecito a coro, pues ya conocían la frase que tanto pronunciaba.

Kiko volvió a reír a carcajada. Ale y El Pejecito lo acompañaron. Empecé a mirarle a cada uno por curiosidad. El Cuñado estaba absorto, al parecer mirando a unas mujeres que recién había descubierto en el nuevo grupo y ya no tenía la mano en el abdomen. El Mellizo, trataba de fingir una sonrisa, mientras comprobaba su tensión arterial

—Vaya, ni tiempo me dio para llenar la botella de agua..., no puedo tomarme la pastilla así... —El Mellizo

—Toma... —estiré mi mano con un pomo de agua.

—No, deja, mejor me pongo la píldora debajo de la lengua, tengo la presión muy alta... —El Mellizo después de ver los valores marcados por su tensiómetro.

—Bueno, tú decides...

Puro, ¿y si alguien del grupo muere en el viaje? —preguntó de repente Ale.

Por unos segundos todos enmudecimos y nos miramos.

—Mejor no digas eso, mira que El Mellizo tiene la presión alta y al Cuñado le duele la barriga... ¡Cuñado, busca la manigua y cálmate...! —El Pejecito.

—Mira, no jodas, yo soy un hombre... —ripostó con bríos El Cuñado. Y volvimos a reír.

—Bueno, descansen que nos vamos...

—¿Nos vamos...? —El Flaco.

—Sí... —ratifiqué y añadí—: ...hay que seguir andando...

—Estoy muerto de cansancio... —Ale.

—...yo no puedo más... —Kiko.

—Recuerden que entre más rápido andemos, más rápido llegamos...

—Mira Puro, estoy de acuerdo..., esperemos que esté mejor El Mellizo y nos vamos... —expuso El Pejecito y me convenció.

—¡Está bien...! Unos minutos de descanso..., y nos vamos.

Descansamos. Otros grupos no se detuvieron, continuaron avanzando hacia el norte. Nos localizábamos a la altura del tronco de las tierras de infiernos del este, justo en el lugar en que —como un cuello de botella— las rutas de los pasantes se unen para continuar subiendo rumbo a la Oncena Tierra. Era un desfile sin par, miles de personas subían de todas partes.

Miraba a la muchedumbre avanzar, no quería volver mis pensamientos a los hechos que menos de una hora atrás habían acontecido. Nuestro viaje era un desfile de vicisitudes e imágenes que era preferible olvidarlas casi todas. Es posible que al llegar al destino no hallan más de tres circunstancias buenas que recordar. Esta misma fue una escena salvaje, una escena de un filme de violencia y terror difícil de asimilar. «A mí que no me gustan esas películas por mentirosas...», pensaba cuando escuché la voz de mi cuñado.

—Y en verdad la negrita tiene unas teticas admirables..., tenían razón los cabezones bajitos...

—Pero Cuñado, qué te sucede, ¡estás enfermo...!

Nadie sonrió. Todos lo miramos fijamente. Cuando comprendió la medida de su inapropiada observación, solo dijo: «No me miren así, es una broma para hacerlos reír...».

—A nadie nos gustó tu broma... —le aseguró Kiko Soplete.

—Ya me siento un poco mejor... —El Mellizo.

—Y yo también... —volvió a hablar mi cuñado y entonces todos sí nos empezamos a reír.

—Bueno, vamos..., ya es hora, avancemos algo más, a ver si encontramos un mejor lugar para dormir...

Seguimos la corriente del río que no era tan violenta como los cauces de la Cuarta Tierra. Podría decirse que era totalmente pacífica. Aunque imaginábamos tuviera momentos de caudalosas crecidas cuando lloviera en las montañas lejanas. En estos momentos unos oscuros nubarrones se mostraban en el horizonte, pero no parecía estar lloviendo en la lejanía, tampoco en los alrededores más próximos a derecha o izquierda.

—¿Qué ustedes creen si nos damos un baño en el río y cocinamos algo? —propuso El Pejecito.

—Buena idea, el agua está limpia y tranquila, y no se siente muy fría... —observó El Mellizo y yendo hacia una piedra tomó un poco en sus manos.

—Vamos entonces a hacer una parada... a mí me queda un paquete de espaguetis y un poco de kétchup...

—Puro, eres buen administrador..., no eres fácil, uno pasando hambre y tú con reservas... —me dijo El Cuñado.

—...lo dejé para un momento como este...

—Vamos por troncos y hojas secas, saca el jarro de aluminio Mellizo...

—A mí todavía me queda refresco instantáneo... —ripostó El Flaco.

—Pues la comida está hecha, vamos pues... —El Mellizo.

—Vamos... —Kiko.

—«Vamos por más...» —Mano El Pejecito levantando su brazo derecho y haciendo un puño.

Nos vimos —de repente— en ropa interior y al notarnos tan delgados, justo fue el instante para reírse otra vez. Nos hallábamos por el momento solos en aquel paraje; los demás habían continuado su paso. Además, acá nada importaba si te veían desnudo. Se podría decir que no existíamos en una sociedad donde la moral imperara, «aquí nos dominaba el carácter salvaje de la naturaleza y la anarquía humana».

El Pejecito y yo cocinaríamos, el resto se fue al río a bañarse. Tomamos agua, unimos tres piedras y pusimos ramajos entre ellos, con la fosforera y unos náilones encendimos la pira. Pusimos el jarro de agua, abrimos el paquete y esperamos que el agua se calentara para echar los espaguetis.

Ya El Cuñado, Kiko y Ale se enjabonaban y saltaban como niños dentro del agua.

—Tengan cuidado...

—Puro, ¡a esta altura qué nos puede pasar...! —Ale.

—...cualquier imprevisto, hermano...

—Y El Mellizo, ¿dónde está?

—Se adelantó unos metros buscando un lugar más limpio para bañarse y llenar su botella..., recuerda que tenía sed...

El agua hervía a borbotones y con ella los espaguetis se cocinaban. Le echamos un poco de sal de la que traía Kiko en su mochila. Precisamente para eso hicimos el grupo: para que uno no cargara con todo lo necesario para el camino cada cual traía lo imprescindible y al unirlo podíamos abastecernos y sobrevivir.

—Ya están listos..., vamos a botarle el agua... —me dijo El Pejecito y con un pedazo de tela de un sostenedor encontrado en la orilla bajó el jarro y lo escurrió cerca de una piedra en plena tierra evitando, con cuidado, que los espaguetis fueran al suelo.

—¡Qué rica está el agua! ¡Riquísima mamá...! —exclamaba y se zambullía a ratos Kiko.

—¡Vengan ya! —nos pidió El Cuñado.

—Ya terminamos, vamos para allá...

Acomodábamos el jarro con los espaguetis y tapábamos la botella de agua donde habíamos preparado el refresco cuando escuchamos una algarabía de El Mellizo.

—¡Madre mía...! ¿Dios mío..., qué asco...! —vociferaba.

—¿Qué pasa? ¿Qué te sucedió?

—Madre, no puedo... ¿Quién me mandó, madre, a vivir esto? ¡Dios mío! ¡Cojone, quién me mandó! —continuaba vociferando El Mellizo, que ya había salido del agua unos metros más adelante, y venía hacia nosotros por la ribera.

Los que estaban en el agua se dirigían a la orilla, El Pejecito y yo nos adelantamos al encuentro con El Mellizo, que antes de llegar a nosotros comenzó a vomitar.

—¡Qué asco, qué asco! —decía al reponerse de cada vómito y luego hacía arqueadas que le ponían a temblar su estómago.

—¿Qué fue lo que pasó?

Pero El Mellizo no podía responder. Esperamos por largo rato hasta que se calmó.

—¿Te duele la cabeza? —le pregunté.

—No Puro, no..., es que me pasó lo que nunca imaginé en mi vida...

—Pero, habla, muchacho... —exclamó El Cuñado.

—Esperen, esperen... —El Mellizo tomó aire— ...es que estaba bañándome en una clara ensenada que hace el río unos diez metros más arriba y me dispuse a tomar agua..., ustedes saben que me quedé sin agua y tenía sed..., mucha sed... —El Mellizo abría los ojos y las pausas, en su forma de hablar ya pausado, eran muy largas.

—Ya me habían dicho..., pero dime...

—...y ustedes no saben lo que vi cuando dejé de beber agua y levanté la mirada...

—¿Qué cosa?

—...pegado a unas de las raíces de los juncos que se inclinan al río, había el cuerpo putrefacto de una mujer...

¡Cómo!

A todos se nos enfrió la piel. Ale empezó a temblar y a hacer arqueadas también, Kiko y El Cuñado fueron a sentarse a una piedra cercana, El Pejecito se llevó las manos a la cabeza y yo enmudecí sin saber qué hacer.

—¡Qué asco! —volvió a exclamar El Mellizo y se dobló, otra vez, con intenciones de vomitar, pero no botó nada.

—Vamos, hermano..., ya pasó... —Traté de darle ánimo.

—Increíble —Kiko.

—Nunca pensé pasar por eso...

—No me bañaré en el río —ripostó El Pejecito.

—Y yo no comeré espaguetis ni tomaré refresco —añadió El Flaco.

—Bueno, a mí eso no me importa... Yo si voy a comer... —exclamó El Cuñado y amplió—: si ustedes quieren no coman..., yo me estoy muriendo de hambre..., y no me quiero ver como la mujer que se encontró El Mellizo.

—...y yo también..., además, el agua hirvió y todos los parásitos se murieron con el calor..., no me importa... Hay que comer señores, hay que comer...

—...yo no comeré... —aseguró El Mellizo.

—Mejor para ti..., tienes la presión alta, y si por casualidad inventaste todo eso para comerte cuantos espaguetis quieres, estás equivocado... no dejaré de comer yo tampoco —expuso El Pejecito.

—Y yo, aprovecharé para no bañarme en el río, pero si comeré los ricos espaguetis que preparamos..., ¡saca la botellita de aceite de oliva, Kiko! —expresé y los demás se echaron a reír, menos El Mellizo.

—Entonces Puro, si tú comes, como yo también..., yo sí no me quedo atrás... —Ale, riendo.

—¡Cuánto vivimos es normal donde estamos, hay que comer para sobrevivir, hermanos...! —sentenció Kiko.

—No me torturarán..., no me torturarán..., qué importa el agua que tomé y lo que vi..., me sirven a mí también..., me estoy muriendo de hambre... —El Mellizo, y todos lanzamos grandes carcajadas y empezamos a servir los espaguetis en cada plato plástico y «a comer se ha dicho».

Cuando estábamos a mitad de consumir cada uno su ración de comida, El Pejecito preguntó a El Mellizo:

—Hermano, ¿y cómo tú sabes que el cadáver era de una mujer?

—...porque tenía una cabellera larga y rubia... —El Mellizo mirando a El Flaco.

—Si piensan que voy a dejar la comida están muy equivocados, partía de maricones..., pueden hablar lo que quieran..., si quieres Mellizo puedes dar detalles... —comentó Ale y echamos a reír. Luego añadió—: Allá tú que tomaste agua de bollo podrido...

—Carcajadas desmedidas y burlas.

—Vamos a comer y dejen eso... —solicité. El Pejecito, Kiko y El Cuñado no dejaban de reír.

Al final ni El Pejecito ni yo nos bañamos. Los que lo habían hecho vistieron sus escasas y casuales ropas, ya secas sus pieles por el aire. Recogimos nuestras mochilas y en el momento en que se avecinaba otro grupo de viajeros, nos incorporamos. Fueron dos o tres kilómetros para llegar a una aldea.

—Hola —saludé al arribar a la choza.

La mujer, que se encontraba en su interior, me miró sin responder.

—Andamos medio perdidos... —expresé por el espacio de la puerta abierta para buscar empatía y proseguí—: ...necesitamos llegar a un lugar donde encontrar una canoa o lancha, o un bus que nos conduzca a la capital...

La mujer continuó impávida, sentada en su silla a un costado de la puerta como si no hablara con ella. «¿Será sorda..., hablará algún dialecto..., estará dormida...?», me inquirí para mis adentros y me apresté, ya que no recibía respuestas, a dar la espalda.

—Hola..., mi madre es ciega, si no conoce la voz de quien habla, no responde... — detalló una joven que salió de una habitación.

Era otra muestra de la mezcla de genes de diferentes regiones de las tierras de infiernos, vestía un short marrón corto y una blusa blanca con la simbología de dos olas del mar, a simple vista se apreciaba que no usaba sostenedor.

—Disculpe, queremos llegar...

—Tendrán que caminar mucho..., por aquí hay pocas posibilidades de transporte... —me interrumpió.

—¿Qué podemos hacer...? —preguntó mi cuñado que estaba un poco más atrás, a mis espaldas.

—Deben irse por el camino del río, o si quieren pueden tomar un atajo que encontrarán a la derecha a un kilómetro, más adelante...

—¿Es peligroso el atajo...? —indagué.

—No —dijo la joven que contaría con unos veinte años y en ese mismo momento la luz de una descarga eléctrica y un trueno fueron casi instantáneo.

—¡Cojones...! —El Mellizo.

—¡Dios mío...! —El Pejecito.

—¡Santa Bárbara bendita...! — Kiko.

La Chica sonrió. De repente se precipitó todo un vendaval de agua.

—¡Vaya, por los truenos, los relámpagos y el agua, parece que el atajo es muy peligroso...! —exclamé.

—Pero pasen..., no se mojen... —La chica.

Todos los del grupo pasamos. La otra parte de las personas de la larga fila había buscado refugio en distintos lugares.

—Aquí al parecer llueve todos los días... —dijo El Flaco y el ruido del relámpago y el trueno ahogaron sus palabras.

—No llueve todos los días, pero sí llueve a menudo y muy intenso... —habló por vez primera la señora ciega y amplió—: ...el río casi siempre está crecido y dicen que bajan muchos ahogados desde la sierra... esa gente que viene de lejos y van hacia el norte tratan de cruzar el río... y arriesgan su vida... terminan flotando o arrastrados por el agua...

Todas nuestras miradas confluyeron en la figura de El Mellizo. La muchacha fue hasta la puerta de atrás y extendió su mano para mojarla con la lluvia. Al parecer El Mellizo recordó el mal momento vivido y su rostro cambió de semblante, se volvió más triste y sorprendido. La chica de repente dio cuatro pasos y el agua empezó a humedecer todo su cuerpo, se estremeció, se frotó la piel y exclamó una palabra desconocida.

—¿Qué haces, Manuela? —preguntó la vieja, desde su silla en un rincón.

—Nada mamá... —respondió la chica, volviéndose hacia nosotros con una sonrisa taimada.

Para entonces ya el agua había cubierto toda la piel de sus pechos y debajo de las crestas de las negras líneas de las olas del mar se dibujaba una oscura y mediana aureola con unos pezones erguidos. Todos quedamos confusos, pero sonreímos como respuesta a la limpia sonrisa de la muchacha. Ella cerró los ojos y empezó a acariciar su larga y negra cabellera como demostración del placer de sentir la humedad en su piel.

—¿Hacia dónde van? —indagó la joven reponiéndose de su disfrute.
—A la capital...
—Hace mucho tiempo que no voy a la capital...
—Nada tienes que hacer allá..., ¡tú lugar es este! —le requirió la vieja con autoridad.

Manuela por toda refutación nos dio la espalda y anuló nuestra felicidad visual. De repente el viento aumentó y dejó de llover. «Vaya, qué chasco...», exclamó la chica y entró en la choza y, cruzando sobre el piso de tierra, se dirigió al lugar de donde había salido antes. Y se borró de nuestra mirada toda imagen de su soledad provocadora, no sin antes exprimir la tela del short que guindaba entre sus entrepiernas.

—Y qué, ¿cómo la calificas? —me inquirió a bajo volumen El Pejecito.

—...esta es una hermosa y sobresaliente meña... —susurré y nos reímos.

La señora que ni se movía carraspeó.

—¿Y vienen desde muy lejos...? —volvió a preguntar Manuela, esta vez desde el interior de un espacio delimitado por cortinas y tablas.

—...de muy lejos, se puede decir que le hemos dado media vuelta al mundo...

—Qué bien, me gustaría tanto viajar...

—¡Manuela...! —La señora.

—¿Qué mamá?, ¡qué...?

Su madre no respondió, entonces Manuela salió con otra vestimenta tan provocativa como la anterior y una toalla secando sus cabellos. Seguramente todos pensamos —en el preciso momento— que nos hubiera gustado que viajara con nosotros.

—Mejor nos vamos..., ya escampó... —dije poniéndome de pie.

—Puro..., es muy tarde, mejor esperamos... —El Cuñado.

—Deben tener hambre, disculpen si no se les puede dar nada de comer...

—No te preocupes... —Ale.

—Ya comimos... —El Pejecito.

—Y agua..., ¿puedes darnos agua? —El Mellizo.

—¡Claro que sí, ven conmigo...! —invitó la chica.

—¿Al río...? —Se alteró El Mellizo.

—...al pozo... —especificó Manuela.

—...yo pensaba... —murmuró El Mellizo.

Reímos a carcajada.

—Manuela, ¿qué sucede? —Se descompuso vocalmente la vieja.

—Nada mamá, nada, solo quieren agua...

La chica salió a una especie de patio común detrás de la choza, extenso unos quince metros hasta chocar con la falda de la loma, y todos nos fuimos detrás de ella a llenar nuestras botellas.

—Eres una mujer muy bonita... —Se atrevió a decirle El Cuñado cuando ella echaba el agua en su frasco.

—...y muy amable..., eres mi salvadora... —El Mellizo, al llenar la suya.

—...y tienes unos ojos encantadores... —El Pejecito, mirando fijamente su rostro, antes de salir de la fila.

—...qué rica tú estás, mamacita linda... —Kiko y echamos a reír ella y nosotros.

—No les hagas caso, ellos son así de atrevidos, son de la Primera Tierra de Infiernos... Eres una morena muy agraciada..., una preciosa meña —le dije y me sonrió muy cerquita de los ojos, y concluí—: Nos hubiese gustado que vinieras con nosotros...

—¡Qué más quisiera yo...! ¡Me mata mi madre! —me respondió algo triste de repente.

«Y ya no pude más con su soledad desamparada...», como escribió la poetisa. Sentí deseos de abrazarla, de besarle sus labios prominentes, encarnados, jugosos; aseguro que no eran mis pretensiones las únicas. Los demás se encontraban perturbados y tristes como yo. Y dimos vuelta atrás, ella a su choza, nosotros al camino.

Anduvimos hasta que cayó la noche y nos encontramos con los grupos anteriores, en un lugar donde no había las más mínimas condiciones para dormir, como siempre. Era difícil perder el hilo de la fila india de viajeros. También encontrar un buen lugar para descansar.

Las rutas parecían hechas desde siempre y las personas caminaban sobre polvo y piedra que otros habían o no sorteado por tiempos inmemoriales, y cada día más se haría. Eran recorridos de angustias en tierras de infiernos. Derroteros para sudar, golpearse, enfangarse, caerse, levantarse, no comer, enfermarse, soportar la sed, entristecerse y también reír. Eran rumbos en que te ibas encontrando restos de ropas y objetos en el camino, personas descansando, otras marchando con calma, otras con prisas. Eran rutas para sobrevivir o morir, y por esa ruta, íbamos nosotros.

Al amanecer, después de apenas dormitar, nos lanzamos de nuevo a la senda temible, a la misma ruta. Ya teníamos poco que comer y así lo hicimos. Pero como era de mañana y poseíamos esperanzas de encontrarnos algunas frutas, esta vez nos lanzamos a avanzar con fuerzas e ilusiones, íbamos en busca —también— de las canoas que nos acercarían a las ciudades y a los buses. No sin olvidar que según antiguos viajeros: «...estos eran los peores terrenos de la travesía».

No encontramos frutas, las aguas del río estaban cada vez más sucias y violentas. «¡Menos mal que no teníamos que atravesarlo por ahora!», me dije dándome ánimo. Por un momento dejamos atrás las rocas cercanas al río y las elevaciones y entramos en una llanura de verdes yerbas. Ya eran cercanas las once de la mañana.

—No puedo más... —dijo Ale.

—Yo, mucho menos... —El Mellizo.

—Tenemos que descansar, tomar un poco de agua en calma y chupar un caramelo para reponer, aunque sea la azúcar... —El Cuñado, respirando profundamente.

—Yo me rindo, sí sé ni vengo..., mala hora en que pensé que esta sería la salvación de mi vida..., que equivocado estaba... —se lamentó Kiko, alzando su mirada al cielo.

—No digas eso, por favor, que solo acerca malas cosas..., hay que tener mente positiva —El Pejecito.

—Señores, hay que caminar, tenemos que avanzar, entre más rápido lo hagamos más rápido llegamos... —advertí, otra vez como en las anteriores situaciones difíciles del viaje.

—...y menos cosas malas nos suceden..., deben tenerlo por seguro... —El Cuñado, de riposta.

—Yo fallé, tenía que haberme quedado con la preciosa meña... —El Pejecito, y empezó a canturrear—: ¡Meña mía, meña mía, meña de mi vida..., yo quiero regresar a tus brazos, vida mía...!

—Bueno, estás a tiempo, puedes retornar y volver a los brazos del amor de tu vida... —Yo, a El Pejecito y le provoqué una sonrisa.

«Ya no puedo más, me rendí...», dijo Kiko y se desplomó a tierra. Igual hicieron El Flaco, El Mellizo, El Cuñado y El Pejecito. «¿Qué pasa? Ahora sí...», les comenté. «¡Qué no se diga...! Así que soy el más viejo, el más pequeño y quizás el más flaco..., ya tengo cana en la barba como pueden apreciar y no me rindo, camino y camino, y ustedes más jóvenes se tiran en el piso, pues no voy a esperar, voy a seguir andando..., tengo hambre..., estoy cansado, casi sin fuerza, pero voy a seguir andando... ¡Me voy con el grupo que va adelante...!».

—¡Pero..., Puro...!

—...no te vayas..., Matatán...

—Descansa y seguimos juntos...

No les hice caso y continué caminando con prisa, con la resolución de que la Oncena Tierra me esperaba y no podía flaquear. Atrás permanecieron, sobre la yerba tirados mis amigos, en compañía de otros del grupo que, en igual posición ante el cansancio, quedaron junto a ellos para refrescarse. Solo esperaba que mi decisión fuera el mensaje lo suficientemente claro y fuerte para que se levantaran y, decididos, me siguieran lo más pronto posible.

Era una trayectoria extremadamente difícil. Por algo la calificaba como «la ruta de las angustias» y a las tierras que atravesábamos como «tierras de infiernos». Pero si habíamos tomado todas las fuerzas de nuestras vidas para hacerla, no podíamos perderlas infructuosamente después de lograr tanto avance. Me negaba y como líder del grupo no podía darle imagen de derrota ni a los demás ni a mí mismo.

Me uní a un grupo de negros de la tierra más infernal y caminé junto con ellos. Hablaban bien mi idioma y eran afables. Venían de las tierras de infiernos del sur, allí trabajaron durante cinco o más años para hacer el dinero suficiente y emprender el viaje. Una historia similar a la nuestra, y a tantas otras historias también.

Pero ellos, producto de la situación de su tierra y del color de su piel, tendrían menos posibilidades que nosotros para ser elegidos y consumar el Onceno Sueño. Nosotros éramos de la Primera Tierra de Infiernos, tierra elegida por la noche de la Oncena Tierra para entrar por la puerta ancha y protegernos.

Supuestamente, para los infernantes del norte, éramos hijos desprotegidos y humillados que necesitábamos —como ningún otro nacido en otras tierras de infiernos— de la comprensión y el amparo. «Era pura política de la Oncena Tierra contra los infernantes de la Primera y no a favor de los infernarios que pretendían defender».

Conversando con los paisanos de la Última Tierra de Infiernos, de sus vicisitudes y sueños, llegamos al embarcadero. Allí, como costumbre de todos los días del mundo, se encontraban los timoneles y las canoas, hombres y embarcaciones listas para llevar a la otra ribera a los viajeros de «la senda temible, la ruta de las angustias, los rumbos del infinito ir y venir».

Fueron subiendo de siete a nueve personas por cada canoa, según fuese su tamaño, y empezaron a alejarse, no se divisaba bien hasta donde. Al llegar a la quinta, el hombre que terminaba me llamó y me dijo: «vámonos, primo». No hizo más que ponerme pensativo, pero me contuve y solo le respondí: «no, primo, más tarde, esperaré por mis compañeros que vienen detrás...». Y me dijeron adiós, mientras al embarcadero llegaban otros caminantes, pero entre ellos, no se hallaba ninguno de mis amigos.

Fui a sentarme debajo de un árbol sobre una piedra. La posición me recordaba la manera de esperar por horas la guagua en la Primera Tierra de Infiernos para ir a estudiar o a realizar compras en la cabecera municipal. «Era una angustia más, un desespero más de la vida en mi tierra patria». Ya eran pasadas las dos de la tarde y no llegaban. A pesar de que los había presionado, todo había sido en vano. Tenía que esperar por ellos.

En la placidez de la tarde, cerca del embarcadero, otra vez el recuerdo de la familia vino a mí. No solo momentos alegres, sino también aquellos que pasábamos en tormentos por las escaseces, las angustias de los interminables apagones y las miserias de punta a punta. «¡Cuánto le dolía su pueblo! Su Patria era una tierra de infiernos que le dolía en su corazón lleno de vida y en su pensamiento lleno de sueños».

A lo lejos se acercaba otro grupo. Al llegar comprobó, lo que presumía desde allí, nadie de los suyos venía con ellos. Notó que se aproximaban algunos de los jóvenes de ojos rasgados, que por tanto tiempo caminaron a su lado, venidos desde las más altas montañas de las tierras de infiernos del lejano este.

—Haloo, do you see my friends? —pronunció El Puro imitando a alguien olvidado, tratando de que lo comprendieran y le informaran, sin saber si lo hacía correctamente.

—Eh, what do you say? —les respondieron con una pregunta dos personas al mismo tiempo.

—... friends, my friends... do you see my friends?

—Ah, no, no... we haven't seen them —me dijo alguien.

—Oh, yes, yes..., maybe, they are going behind... —me alegó otro extendiendo su brazo hacia atrás y señalando a lo lejos. Y lo entendí, más por el gesto que por la pronunciación, ellos tampoco hablaban bien el idioma de las infernales tierras del norte.

«No los han visto bien», me dije mientras se alejaban a tomar la embarcación. Aunque alguien me indicó que era posible que vinieran más atrás. Estaba de repente angustiado; «y si por alejarme de ellos les hubiese pasado algo, ¿qué me iba a hacer?

Desde la Segunda Tierra, en mensajes solidarios, me había comprometido con familiares de mis amigos a cuidarlos. Hoy en un impulso por hacerlos caminar y adelantar los había dejado atrás y ahora me preocupaban.

Pasados unos treinta minutos, ya nervioso de tanta espera, entre los otros grupos que venían, a lo lejos creí ver a Kiko, El Pejecito y El Flaco. Y sentí un alivio en el alma, me sonreí, aunque por ningún lugar veía a El Cuñado y a El Mellizo.

—Y los demás, ¿dónde están?

—Oye, que tú ni saludas, después de tanto tiempo... —le dijo Kiko.

—Por favor, respondan, que estaba preocupado por ustedes...

—...ahora, después que nos abandonaste... —El Flaco.

—¡No los abandoné, ustedes flaquearon y quise presionarlos...

—¡Sí, está bien...! —El Flaco, otra vez.

—No te preocupes, vienen detrás... —respondió Mano El Pejecito y me sentí aliviado.

—El Cuñado y El Mellizo se encontraron unas mujeres solitarias y vienen ayudándolas...

—¡Válgame Dios, como siempre, en lo de ellos...! —Y echamos a reír todos.

Esperamos por largo rato más la llegada de los solidarios mi cuñado y El Mellizo. Cuando rallando ya las cuatro de la tarde vimos que se acercaban en un numeroso grupo. Venían jadeantes, tomando de las manos a dos mujeres de mediana edad —tal vez unos treinta o cuarenta años—, risueños, con los ojos llenos de chispas.

—Oh, qué bueno verlos... —les dije con intención.

—Bueno es que te alegres al vernos... —me dijo mi cuñado.

—¿Y no me van a presentar...?

—Ah, Mariela y Ventura..., él es el Puro..., nuestro Puro... —El Mellizo, sin dejar de sonreír.

—¿Yo, El Puro? Si ustedes son más puros que yo... —y todos echamos a reír.

Extendí la mano, en forma de saludo, a Mariela y a Ventura; la primera de pelo claro, la segunda morena, quienes reían también, más a manera de contagio que de entender el chiste. Entonces, recién llegando con ellos, noté a una mujer con dos niños, cansados y con sus vestimentas muy gastadas, el alma se me hizo un girón, «¿por qué... por qué...?», solo me inquirí, sin dejar de acercarme a ellos.

Recordé que me quedaban algunas galletas en la mochila, los llamé y se las ofrecí. La madre andaba media descalza, si mal no miré, con los pies en carne viva por las llagas.

Viajaban procedente de la Tercera Tierra de Infiernos y quién sabe cuántos días habían andado sin comida por estas tierras.

Cuando fuimos a subir a las canoas. Noté que varias personas más tenían las piernas hinchadas y los pies en carne viva. Fue un dolor visceral, miré hacia las nuevas y potentes botas que calzaba y otra vez me sentí el pecho compungido. Y no me pregunté nada, «¿para qué?».

Idéntico fue el viaje en canoa por el río de la Quinta Tierra de Infiernos al de la Cuarta Tierra. La misma posición de acuclillados, y a veces, sentado cuando el cansancio lastimaba. Se vivía el mismo entumecimiento de las piernas, la misma sensación de las manos adheridas a la pared del bote. Pero esta vez no se escuchaba el cantar del timonel, sino los rezos de las dos mujeres que acompañaban a nuestros dos amigos. También igual tomé la humedad de las aguas del río en mis manos y me eché agua en la piel.

Por un momento precisé en Kiko Soplete. Su apodo —desde pequeño— era por ir a la farmacia a comprar los preservativos y tomarlos como globos de cumpleaños. Kiko se pasaba todo el día soplando condones, jugando con ellos y haciéndolos explotar.

Era el nieto de un importante y nombrado funcionario gubernativo de años atrás en el pueblo. Ahora, con su mano derecha en el agua, hacía la función de bomba y tomaba agua con la parte posterior de la palma de la mano y la lanzaba por el hoyo que formaba el pulgar con el índice.

Casi una hora estuvimos a toda velocidad sobre la corriente. Atravesamos una gran franja líquida donde, a lo lejos se acercaban unos grandes barcos mercantes. El Pejecito y Ale, a veces, cantaban una que otra canción de esa música de infierno llamada Reguetón y las mujeres ubicadas cada una delante de El Mellizo y El Cuñado reían a carcajada.

En el otro embarcadero también los guías esperaban. A los individuos que «contribuían» con los viajeros de la larga fila en su camino a la Oncena Tierra le llamaban Los Lagartos. No sabía el por qué, «quizás es por la lengua larga que deben tener y el cambio de color de la piel cuando están frente a la policía», me alegué y reí por mis suposiciones.

Esta vez no nos esperaban timoneles de canoas sino choferes de medianos autobuses, parqueados en líneas a unos cincuenta metros más allá. Antes de subir a los buses fuimos a comer caliente y a tomarnos unos jugos o refrescos bien fríos.

«Y no se me olvidó», dijo El Mellizo, alzando una botella de aguardiente de caña en forma de porrón, cuando salíamos de una pequeña tienda a donde habíamos ido principalmente por caramelos, galletas y agua. También compramos las líneas telefónicas para hablar y escribir a nuestros familiares.

Nos atendió una joven muy afable que expuso estar acostumbrada a ayudar a muchos de los emigrantes que pasaban hacia la Oncena Tierra, principalmente hijos de nuestra Isla y Primera Tierra de Infiernos. Ella, con exquisita gentileza también nos aconsejó para llegar más fácil a la frontera y evitar que nos timaran.

Caía la noche cuando descansábamos en los cómodos asientos de los autobuses y la oscuridad sería un ir y venir de luces hasta los alrededores del próximo confín. Sería la noche entera dormitando otra vez, ahora más plácidamente y seguros, pues íbamos en el transporte solo personas que nos dirigíamos a cruzar los límites de las dos tierras.

Tocaban los albores del día nuestras adormecidas cabezas al arribar a una terminal de ómnibus que nos daría la posibilidad de llegar a la mismísima línea divisoria. Apenas nos sentamos, varias personas —al parecer choferes— nos acosaban para que tomáramos sus taxis por veinte «libertadores del norte revuelto e infernal» hasta el borde de la Quinta Tierra de Infiernos.

Kiko y Ale estaban dispuestos a pagar, sin embargo, me di una vuelta para indagar otras posibles alternativas, al recordar los consejos de la chica.

Preguntando me encontré con un señor que aseguró esperar la salida de unos buses por dos monedas fuertes de la Quinta Tierra a dos horas no más, tal y como me había dicho la muchacha que nos vendió las líneas telefónicas.

Y esperamos y era cierto. En apenas unos treinta minutos cubrimos la distancia que nos separaba de la frontera entre la Quinta y la Sexta Tierra de Infiernos. «Qué abusadores son los choferes..., nos querían cobrar veinte libertadores del norte por el viaje que era apenas veinte kilómetros..., me recuerdan a los negros choferes de la capital de la Primera y patriótica Tierra de Infiernos natal», dijo El Pejecito, envuelto en un semblante de molestia.

«Yo te lo dije, no se puede ir uno con la de trapo..., si nos hubiéramos puesto bravo hasta caminando venimos, hemos andado tanto que unos kilométricos más o menos no importan...», advertí de forma general.

Entonces, en el recorrido, chocamos con una avenida que terminaba en forma de T. El bus se detuvo metros antes de la encrucijada. Bajamos, al llegar a la esquina eché un vistazo a las dos sendas, a la derecha se dirigía una larga carretera que se notaba desaparecer entre arbustos situados en sus dos bordes, y a la izquierda otra prolongación similar se perdía en un horizonte donde una extensa hilera de casas alargaba sus límites hasta perderse de los ojos.

Nos miramos curiosos. Delante de nosotros se veía una especie de portón como parte de las paredes de las casas que duraba, al parecer, mientras persistían los bordes del norte de ambas carreteras. Al menos era la idea que podíamos deducir, a izquierda y a derecha.

—¿Qué hacemos? —preguntó Kiko.

—Nos dijeron que podíamos atravesar la calle, traspasar el portón y esa era la frontera...

—¿Será verdad...? —se cuestionó Ale.

—Para saberlo solo hay que intentarlo —aseguró El Mellizo y tomando por las manos a su Ventura esperó que se alejara un poco el bus y se lanzó a cruzar la calle.

—Vamos... —Dos o tres hicimos un coro y continuamos tras la decidida pareja, luego añadí—: «lo dijiste tú, Matatán...».

Cuando atravesé la frontera entre la Tercera y la Cuarta Tierra, y la Cuarta y la Quinta, pensé que eran las fronteras más fáciles y cercanas de todas las tierras infernales. Hoy debía borrar la idea. Esta vez solo levanté el pie derecho —por supuesto, contra cualquier mal augurio— y en un simple movimiento al dar un paso salté de un territorio a otro en el espacio más normal del mundo.

En esta línea divisoria no había ni pasos fronterizos, ni guardias, ni barreras, ni una sola puerta; era sencillamente solo el espacio en la pared por donde se pasaba de un lado a otro.

No intenté hacer ceremonia ninguna de espiritualidad, solo atravesé y ya. Igual hicieron los otros, para todos quizás era un paso físico y nada más. No dudaba que terceros hicieran sus magias y dedicaran posibles pensamientos de asistencias, entereza y gratitud a sus santos o espíritus protectores.

Después del segundo paso ante nosotros se abrió una estirada y amplia línea de casas con su calle al igual que la dejada atrás. Una tienda, esperaba como espacio de bienvenida.

No existía la verde hierba que a veces amarillaba como en fronteras anteriores. Tampoco río, ni elevaciones, ni riscos, ni barreras, ni guardia alguno. Por ahora era la vegetación y la topografía más serena que nos recibían después de cruzar dos límites de este mundo, precisamente en la Sexta Tierra de Infiernos.

De repente Kiko, Ale y el Pejecito iniciaron una carrera que fueron a terminarla revolcados entre las hierbas de un jardín cercano, cada uno con fuertes carcajadas y frases de alegría. «Ven Puro, ven…, disfruta de la Sexta Tierra…», me gritaban desde allá. Pero fueron El Mellizo y Ventura, y Mariela y El Cuñado quienes se fueron corriendo de manos tomadas para lanzarse entre las hierbas como si fuera una piscina.

No esperé más y corrí como un niño hasta donde se encontraba el resto de mis amigos. Y me llené del olor de las hierbas, y del deleite de su polvo, y del aire, y de la luz de la media mañana.

El resto de los acompañantes de la fila camino a la Oncena Tierra solo me miraban saltar como si quisiera alcanzar el cielo.

Entonces fue que escuchamos el vozarrón de El Mellizo que, alzando el porrón de aguardiente, medio que canturreaba: «Llegó la hora mamá Francisca, llegó la hora... llegó la hora papa Eleguá, llegó la hora...». Y terminó con unos gritos aún más fuerte: «¡Tiembla tierra Obatalá, tiembla tierra...»!

Y, a la sazón, abrió la botella y echó un largo y fino chorro del transparente líquido al suelo y se santiguó. Y luego, empezamos a beber discretos tragos del sabroso aguardiente de caña.

CAPÍTULO 4

SÉPTIMA TIERRA DE INFIERNOS

Y, entonces, vociferó el dueño del motel: «Yo también nací en esa Isla..., y no quiero ni pensar en ella...».
—Pues yo no dejo de amarla... —le dije mirándole fijamente al rostro, para que supiera que todos no éramos ni sentíamos igual.
—...por eso no pienso volver nunca más allá..., ojalá que se hunda en el mar...
—Nosotros sí, regresaremos..., y «será mejor que se hunda en el mar antes de traicionar la gloria que se ha vivido» —se adelantó El Cuñado a El Pejecito que se quedó con la boca abierta y luego empezó a reír a carcajada por la frase de su amigo, se la había quitado de la lengua.
—...aquí tengo mi negocio..., mi vida... —continuó el dueño.
—...aquí hay un gobierno similar al de la Isla... —argumentó El Pejecito.
—Pero no es lo mismo..., no es lo mismo..., no hay tantas escaseces ni tantas prohibiciones..., este negocio no lo hubiera logrado allá... —aseguró el hombre alto de grandes bigotes y quedó absorto, quién sabe lo que venía a su mente en este preciso momento.
—Allá tenemos a nuestras familias...
—Yo también, ¿qué le hace pensar que no tengo familia allá? Lo que ellos eligieron su destino y yo el mío... Tampoco

quiero saber de ellos..., cada quien es responsable de sus actos...

—Así mismo, ¡todos...! —El Cuñado, haciendo énfasis en la palabra todos.

—Bueno..., nos han dicho que aquí podemos encontrar a personas que nos pueden ayudar a continuar el viaje hacia el norte..., ¿usted podría ayudarnos? —interrumpí para solucionar el contrapunteo y adelantar la marcha.

—Sí, claro que sí..., ahorita deben venir... —respondió el hombre.

—Qué bueno, se alegró El Cuñado.

—...si desean pueden alquilar un cuarto para que descansen y viajen mañana temprano... —propuso el dueño.

—No tenemos mucho dinero... —expuso El Mellizo.

—Eso sí está malo... —refunfuñó el bigotudo.

—Usted es de los nuestros..., usted es de nuestra tierra... —Quise insinuarle algo.

—Por ahí hay sitios más baratos... Esperen por allí, llamaré para que vengan a verlos... —me interrumpió, y vimos sus espaldas para concluir la conversación.

—Mejor así..., queremos adelantar y la noche se hace propicia... —argumenté como frase de agradecimiento y para salir del tema.

Nos alejamos y fuimos a sentarnos a unos bancos dentro de un patio interior del motel. Sobre la tierra y un pedazo de cemento un niño rubio jugaba. Más allá en el portal, una muchacha, en un corto short, extendía sus piernas fuera de la silla. El Cuñado sacó una botella de refresco y bebió unos sorbos, yo le miré por unos momentos: «menos mal que hemos

comido algo caliente y bebimos sabroso por estos días...»,
pensé.

—Gringuito..., Gringuito..., no dejas de jugar... —le dijo una muchacha que pasó por al lado del niño, pero éste ni la miró, ni le hizo caso real y continuó jugando con sus autos y su rastra.

«Le dicen Gringuito, será por blanco y rubio, pero parece de la Primera Tierra de Infiernos», pensó El Puro al ver el niño y la muchacha sentada en el portal. Luego se distanció un poco y recordó a su madre y a su hija Yasmeen.

En la Quinta y la Sexta Tierra de Infiernos, había podido hablar por teléfono con su madre, su mujer y decirle algunas frases de amor a su hija. Su madre al principio lo ignoraba y luego gemía sin consuelo, a pesar de que él no le contase nada, las historias de otros viajeros que llegaban por boca de los vecinos a sus oídos y una que otra noticia de la televisión de la Isla le llenaban la cabeza de miedo y pesar.

A su mujer, en cambio se le sentía respirar hondo y expresaba su tristeza en el tono de la voz. Cuando por la mejoría de la Internet podían hacer una llamada de video, su rostro pálido se consternaba aún más y a él se le hacía un nudo en la garganta y colgaba la llamada —aparentemente sin querer o por culpa de la mala conexión como le decía luego— para justificarse y que no lo vieran llorar, ni él ver llorar a su familia.

Igual fueron todas las llamadas anteriores antes de entrar en la selva de la Cuarta Tierra, cuando perdieron toda conexión y las baterías también se agotaron. No sabría decir qué era más difícil e insoportable si hacer el recorrido por inhumanos parajes o enfrentarse cara a cara, desde la distancia, a la desesperación de su amada familia.

Imaginaba la angustia de su madre y su mujer, la inocencia de los juegos de su hija, y la tristeza en forma de incapacidad terminaba por atormentarlo, era otro de los infiernos que inexorablemente vivía.

Al portal de la cabaña salió otra muchacha en licra y llamó al niño rubio. El niño no hizo caso y continuó, esta vez, armando edificios con piezas de variados colores. La muchacha que estaba sentada se puso de pie y entró a la cabaña. «Son de la Primera Tierra, no hay dudas, belleza igual no existe en otros infiernos», pensé.

—Puro, daremos una vuelta por la ciudad… —me dijo El Pejecito que se había acercado.

—No se preocupen, yo me quedo y converso con Los Lagartos, cuídense ustedes…

—¿Quieres que te traiga algo…?

—No, gracias, cualquier cosa, voy a la tienda después, tengo suficiente, compré en la Sexta Tierra lo que necesito por ahora.

—Está bien, ahorita regresamos…

El paso por la Sexta Tierra fue el más pacífico y apacible de todos. Si se pensaba con justeza hasta se podría sacar de la lista de las tierras de infiernos, si no lo hacía era porque su conocimiento le aseguraba que el diablo estaba en todas las tierras y que —de seguro— solo fueron las circunstancias de esta vez las que les favorecieron.

Después de los tragos de aguardiente de la botella de El Mellizo, lo más difícil fue eludir las acechanzas de los choferes de los taxis que, a escondidas de la policía, trataban de timarlos y, al final del recorrido, convencer al guardia encargado de la frontera entre la Sexta y la Séptima Tierra de

Infiernos para que los dejara pasar esa misma tarde noche en que llegaron.

El trayecto fue una ruta continua para tomar buses de una ciudad a otra que fatigaban el espíritu y el cuerpo, comer una que otra fritura con refrescos, conversar con viajeros y cuidarse de toda causa imprevista. Ni siquiera se encontraron una bella mujer a quien destacar y recordar.

Él le tenía su nombre seguro: «las ritas», pero ni así apareció de cerca. Quizás uno que otro rostro, una que otra cabellera o hermosas piernas a lo lejos, pero nada como en las otras tierras. Las ritas en sus ojos no se definieron claramente, era una cuestión de casualidad, él sabía que en aquella tierra de infiernos también se podría encontrar muy bellos cuerpos femeninos. Las imaginaba de tez entre lo moreno y lo blanco —se podría decir amelada—, con largas cabelleras, pero de talles menudos y estatura intermedia.

Llegados al confín de aquella tierra, justo cuando caía la noche, se hallaron con el guardia fronterizo que les dijo: «hasta mañana no habrá permisos para cruzar». También concurría a la espera una señora de mayor edad que ellos con una niña, y un joven solitario.

Como siempre fui —en todas las rutas— el primero caminando y corriendo riesgo, empecé a conversar con el señor hasta que lo convencí y nos dejó pasar. La cuestión era encontrar su punto débil y lo hallé: era padre y le hablé de mi preciosa hija; conmigo llevaba su foto, se la enseñé, sus ojos brillaron y su boca dijo: «pasen, pero a prisas».

Imaginé que no podía negarse, no lo dudó, nos pasó y le agradecimos en el alma, así aprovecharíamos la noche y continuábamos avanzando. Adentro, atravesados unos amplios parqueos con sus jardines, pasamos a las oficinas de migración y extranjería, pagamos mil libertadores de la Séptima Tierra y nos hicieron los papeles. Ningún problema para hacerlo, nada que ver con los funcionarios de emigración de la Tercera Tierra, ni con la nuestra.

Al salir por el otro extremo unas buseticas, unas detrás de otra, esperaban y nos condujeron hasta la terminal más próxima y luego los buses. Otra larga carretera en tierra de infiernos extraña, desconocida por nuestros ojos, pero amiga en nuestros pies.

Un viaje rápido, no tan agotador como los anteriores y con mucha más seguridad, fue la bienvenida y el tránsito por cerca de la mitad de la Séptima Tierra. Su oído, acompañado de los ya tradicionales cantos de los conductores —casi siempre dedicados al amor de pareja—, ahora escuchaba una letra de amor patriótico: «La flor más linda de mi querer..., abonada con la bendita..., sangre de Diriangen..., sos más dulcita..., que la mielita..., pero ahora que ya sos libre..., yo te quiero mucho más..., pero ahora que ya sos libre..., yo te quiero mucho más..., la flor más linda de mi querer...».

Al compás de sus remembranzas, el dueño del motel se acercó en compañía de dos jóvenes con escasas barbas.

—Es él —les dijo y me señaló.

—Esta noche no podemos salir —me reveló el más alto de Los Lagartos sin ni siquiera saludarme ni decir nada más.

—¿Y cuándo será?

—Entre dos o tres días..., la policía está en la calle y no podemos lanzarnos...

—¿Y cuánto es?

—Por ahora quinientos libertadores del norte..., quizás pueda aumentar.... —explicó El Lagarto.

—Duro el golpe, en pleno mentón... —pensé en voz alta.

El joven sonrió hipócritamente. Y se adelantó hasta las muchachas y le dijo algo similar, en las caras de ellas era visible su inconformidad.

—Hace tres días que estamos aquí y usted nos dice que debemos esperar más... —la chica de la licra con voz firme.

—Es así, hay que esperar, no es un paseo..., usted sabe...

—Sí, yo sé, pero usted le dijo a mi esposo que no había problemas, que enseguida que llegáramos aquí íbamos a salir en camino...

—Pero no ha podido ser... —el pequeño de Los Lagartos.

—¿Por qué...?

—Por la Policía..., le dije... —intervino El Lagarto alto.

—Llamaré a mi esposo... —profirió ella, en un tono mezcla de preocupación y apremio.

—Puedes llamar a quien quieras... —enfatizó El Lagarto alto y se alejó en compañía del pequeño y del dueño del motel.

—Oye, que no es fácil..., ¡qué informales son, ni porque les estamos pagando..., y bastante...! —aseguró la muchacha de la licra.

—Estamos que ya no damos más... —dijo la del short bien corto, que había salido de la cabaña y esta vez traía de la mano a su hijo pequeño que, al parecer, anteriormente dormía.

—Calma, esto es de calma... —les dije.

—¿Calma...? Llevamos ya casi cuatro días...

—¿Y de dónde vienen? —aproveché para preguntar.

Le oí pronunciar el nombre de mi Isla amada, pero cuando lo traduje a mis calificaciones y con ella a mi diccionario geográfico supe que tenía razón: eran de la Primera Tierra de Infiernos.

—Vinieron en avión..., ustedes no saben lo que es esperar ni pasar trabajo...

No respondieron nada. La del short corto me ofreció una mirada por encima del hombro y fue al interior de la casa. La de la licra levantó sus cejas y al final preguntó:

—Y ustedes, ¿de dónde vienen?

—Del sur, pero somos compatriotas..., salimos del mismo lugar de ustedes...

—¿Sí...?

—Pasamos las selvas, las montañas y los ríos de las infernales tierras del sur, no te imaginas lo difícil que ha sido el viaje...

—¿...infernales...? ¡No debe ser fácil..., cuando las calificas así...! Pero dicen que allá es mucho peor..., en verdad, no me lo quiero ni imaginar...

—Muy difícil..., ya te digo, no te lo puedes suponer y mejor ni contar es bueno...

El niño rubio dio un grito y ofreció palmadas a derecha e izquierda al edificio que construía con los bloques plásticos. Las piezas fueron a caer por todos lados. Luego se levantó y empezó a brincar sobre las piezas que habían quedado en sus cercanías.

—Pero niño..., ¿qué haces? —La madre.

—No le vayas a dar —le dije y mis palabras le pararon sus manos, listas para tomarlo por el brazo y dar el golpe.

—Es que me tiene cansada..., al igual que esto...

—Bueno, Los Lagartos no garantizan la salida por estos días, tendremos que alquilar aquí...
—Ni lo intentes..., el dueño es de allá..., pero es malo el lugar..., las habitaciones son malas, solo dan desayuno y comida, también malas..., hay muchas ratas y cucarachas, todo es malo empezando por el dueño...
—¿...tan malo así...? —prorrumpí.
—Seguro que allá trabajaba en una empresa de gastronomía, y por supuesto, trajo todo lo malo de allá para acá... —aseguró la muchacha y echamos a reír.
—O, también, podía ser cuentapropista, el maltrato allá es general, gastronómicamente hablando... —Y sonreí.
—...fíjate, ¡voy a llamar a mi esposo para que me alquile en otro lugar...!

Era una de esas chicas que tenían su esposo en la Oncena Tierra de Infiernos. De esas parejas que esperaban por la llamada reunificación familiar y como ésta se demoraba por diferentes causas se lanzaban al aire, o al mar para encontrarse con sus familiares. Éstas eran tan valientes como las moras, las panas, las meñas y las ritas que nos habían acompañado en el viaje con sus hijos.

—Ya discutimos con él..., hablaba mal de nuestra Patria..., de la misma en que él había nacido...
—Él es así..., no lo soporto..., te cuento que como pasamos cierta hambre aquí con lo mal que cocina, le hemos pedido ayuda para ir a la tienda y comprar, y nos dice que él no puede dedicarse a eso y que tengamos cuidado que nos van a violar y otras cosas más... así es... ni ayuda, ni da buen ánimo...
—Sí que no es fácil el bigotudo barrigón...

—¿Fácil? Ni hablar..., no hay peor cuña que la del mismo palo, como dicen los viejos...

—No te preocupes, cuando lo desees te podemos acompañar sin ningún problema...

—Está bien, gracias...

—Nosotros buscaremos alquiler cerca de aquí y te aviso... —le aseguré y de repente su móvil comenzó a sonar.

—Gracias, disculpa, me entra una llamada, es mi mamá... —Y se separó unos metros.

La muchacha empezó a conversar con sus familiares a través de una videollamada. La otra chica salió de su cuarto, ya con una nueva ropa puesta y llamando al hijo que se había quedado adentro. El Gringuito —como le decían— ahora sonreía a la cámara del teléfono y pronunciaba palabras incomprensibles, entre las cuales creí entender «abuelita Sandra», pero sin dejar de jugar.

—Puro, Puro, dinos algo del viaje —indagó Kiko al llegar.

—Nada, tendremos que hacer tiempo..., no se puede salir todavía...

—¡Qué pena! —El Cuñado.

—A descansar entonces... —El Mellizo.

—Para descansar, primero tenemos que encontrar donde... —El Pejecito.

—Ya estamos aquí... —aseguró Ale.

—...cierto, parece ser un buen lugar —El Mellizo.

—Pero no nos vamos a quedar, ya me dijeron que no es bueno, es falsa imagen..., así que caminemos para encontrar a Los Lagartos y decirles donde vamos a estar...

—Estaban, todavía hablando con el bigotudo... —El Pejecito.

—Pues vamos, lo dijiste tú, Matatán... —le aseguré y así hicimos.

Nos fuimos del motel, que se encontraba un poco alejado de las calles principales de la ciudad. Y encontramos una mejor estancia. Una casa de un matrimonio religioso que, en espacios similares a los dejados atrás, pero con mejores condiciones, nos dieron un piso para dormir en colchonetas y unas paredes para resguardarnos de la intemperie.

En los dos locales abundaban las cucarachas y las guayabitas, que las escuchabas roer —en la oscuridad de la noche y el día— objetos y alimentos. Debíamos cuidar bien las pertenencias y nuestra comida. Ni pensar en enfermarse con una bacteria o un virus —como anunciaban ciertas noticias por estas fechas.

A los dos días de estar allí, por la mañana pasaron Los Lagartos a decirnos que «en dos jornadas más vamos a salir». Y, alrededor del mediodía, arribaron las muchachas que habíamos visto en el motel. Venían con sus niños y cuando entraron en la casa se les notó, para bien, el cambio en el semblante.

Eran dos bellas muchachas de la Primera Tierra de Infiernos. Los dos niños, esta vez, estaban más activados de energía, al parecer, el tiempo de encierro en un lugar ajeno a su acostumbrada percepción, les había disparado los nervios. El Gringuito traía un tractor de juguete en el cual se subía y paseaba por un cobertizo interior de la casa como si fuera un parque, y el otro niño, a pesar de que también contaba con juguetes, solo intentaba interrumpirle su juego tratando de hacer lo mismo que él.

—Gringuito, ¿te gustan los buenos juguetes...? —le dije pasando mi mano derecha por su cabeza.

—¡Muchacho!, cada vez que vamos a una tienda él se antoja de algo... —respondió la madre por el niño.

—Y usted se lo compra...

—Claro... ¡Qué voy a hacer!

«No comprarlo», le respondí desde mi interior sin que lo escuchara, por supuesto. Y agregué: «se ve que tienes dinero para viajar gracias a tu marido...».

Y así era, dos veces le acompañé a comprar yogurt o galletas al niño, y en las dos ocasiones El Gringuito se antojó de robots y pistolas, y su madre se las compró.

El Pejecito que me acompañaba me decía: «nosotros sin dinero, casi ni para llegar al fin del viaje ni comer..., y ella comprándole todo lo que se le antoja al nené..., es increíble...». «Así es la vida, hermano...», le exponía ante su comentario y luego le completaba: «...y prepárate, que para donde vamos, esas diferencias son tan comunes como vivir...».

No fueron dos días, se puede decir que fue un día y medio para salir de nuevo camino a la Octava Tierra de Infiernos, siempre con el más grande convencimiento de lograr lo ansiado.

A la una de la madrugada nos levantamos, a las dos llegarían las camionetas por nosotros. Salimos en tres, en una El Mellizo y Ventura, El Cuñado y Mariela con Kiko y Ale; en la otra, las dos muchachas con sus hijos, El Pejecito y yo; y, por último, en la otra camioneta, seis personas más que se encontraban con nosotros en la casa.

De la Séptima Tierra en lo adelante, la mayoría de los viajes lo haríamos por las noches y las madrugadas. Según Los Lagartos era el mejor horario para eludir a los policías y los agentes de emigración en el camino. Para mí, las noches eran más peligrosas que los días para viajar porque seguro lo haríamos por caminos difíciles buscando la absoluta invisibilidad. Y mi pensamiento no dejaba de tener razón.

En las primeras horas de la madrugada del viaje todo fue en serenidad. Dejábamos atrás millas de campos cultivables, ciudades y poblados sin grandes complicaciones. Los taxistas de Los Lagartos no manejan, pilotean sus naves terrestres. La velocidad es tan notoria que generalmente se siente temor. Con el que nosotros viajábamos hacía volar la buseta sobre el asfalto. Y para colmo de males, al chofer no le agradaba que conversáramos con él. Se molestaba. Llegó el momento que pasadas dos horas, sin palabras y ociosos, nos dormimos.

El ruido del golpe los hizo despertar a todos.

—Salgan rápido..., una chispa o un escape de combustible pueden ocasionar que explote el auto... —sentenció una voz en el asiento delantero.

—¡Vamos, vamos...! —pedí por inercia, reponiéndome del choque.

Rápidamente tomé la mochila y como pude abrí la puerta. Felita, despertó a su hijo que gemiqueó, y, turbada, lanzó sobre la yerba el bolso de mano, que posteriormente recogí.

—¡Por favor, abre el maletero..., el maletín con las cosas del niño está ahí...! —me pidió la madre.

—No podemos, dije que puede explotar la camioneta, mejor huyamos... —ratificó el chofer al notar que el auto echaba humo por la muy destruida parte delantera.

—Pero.... Usted es el culpable, seguro que se durmió... —exclamó la madre con desespero y agregó—: ...sentí cuando el auto se salió de la carretera y chocó con el poste. Usted no quería ni que le habláramos..., queríamos conversar con usted para evitar esto...

—Mira... —se alteró el hombre y la escudriñó fijamente con un brillo de rabia en sus ojos que alumbraban en la oscuridad de la madrugada.

—Mejor hagamos los que nos pide..., evitemos problemas —le susurré a Felita y echándole el brazo sobre los hombros la ayudé a caminar con mayor prisa. El niño aún no se despertaba del todo y estaba lloviendo con moderada intensidad.

—Y ahora, ¿qué hacemos?

—Las otras camionetas iban adelante..., no volverán a buscarnos... —le expliqué.

—¡Qué cosa...! —se lamentó la joven.

—Solo nos queda esperar que pase otro auto y nos recoja, no será difícil, por aquí hay mucho tráfico.... Debemos estar al tanto, también debemos evitar a la policía..., nunca olviden eso... —nos repitió el chofer como cuando habíamos iniciado el viaje.

—¡Calma..., calma...! —solicitó El Pejecito, que hasta entonces se mantuvo callado como reponiéndose del golpe y del susto, también de su estado de sueño.

—¡Ay, pero mira a mi niño, la sangre le corre por la frente y no se mueve, no me había dado cuenta, yo creo que está muerto...!

—No puede ser, calma... —le dije a Felita y rápidamente saqué un frasco de colonia y se lo di a oler al niño. El niño comenzó a gemiquear de nuevo.

Su madre lloraba desconsoladamente. La lluvia era suave, pero pertinaz sobre la carretera y nuestros cuerpos. A lo lejos unas luces se acercaban.

Una rastra, que en igual sentido circulaba detrás de nosotros, frenó con fuerzas y debido a su velocidad y a la humedad de la carretera, se arrastró hasta cerca del poste con sus cables caídos. Sin embargo, por cualquier medida de prevención, el chofer no bajó de su cabina. Solo dio marcha atrás y atravesó el lugar por donde quedaba espacio en la carretera.

—¡Vamos, que puede venir la policía! —Otra vez vociferó el taxista Lagarto, de color marrón, ya con una puerta abierta de un auto que surgió como por arte de magia. Al parecer lo había contratado.

Corrimos hasta la senda contraria y subimos al nuevo auto. La madre llorando abrazaba a su hijo, la piel de su rostro se le volvió temblorosa, quizás de miedo, quizás de frío, quizás de impotencia. Y el taxi recién llegado empezó a volar sobre la carretera como el anterior, ya tomando su acostumbrada senda. «Tengo la sensación de hallarme en una película de persecución», pensé y estaba convencido que el resto de los acompañantes también poseían la misma sensación.

Ya dentro del auto, y como pudimos, empezamos con angustias a revisar nuestros cuerpos bajo la penumbra —no podíamos encender la linterna de los móviles—. Entonces nos dimos cuenta y sentimos algunos golpes, rasguños, manchas de sangre, a mí me dolía el hombro derecho y la pierna izquierda.

El taxi, manteniendo su gran velocidad, avanzó alejándonos del lugar, hasta llegar a una casa campestre.

—Siento mucho lo del niño.

—Está muy caliente, creo que tiene fiebre.
—¿Traes termómetro?
—Claro.

La muchacha derramaba lágrimas de angustias y abrazaba con ternura a su hijo. El niño mostraba ya sin sangre, pero colorada, la herida en su frente, y se hallaba inquieto, con los ojitos tristes, sin embargo, mantenía sus energías y pedía sus juguetes.

—No imaginaba que esto sería así...
—Calma, solo empiezas, por muy duro que parezca llegaremos a la Oncena Tierra de Infiernos.
—Tú siempre calificando las tierras..., la realidad es que por poco morimos...
—No lo ves, estas son verdaderas tierras de infiernos..., y nosotros somos condenados y perseguidos..., pero, como en las películas, triunfaremos... —le rectifiqué.

Ella sonrió.

—Linda sonrisa, es bueno verte iluminada... —Y enseguida dejó de reír.
—Tiene cuarenta de fiebre...
—Dios mío, ¿de qué será? —exclamé y añadí: ¿tienes alcohol y algodón?
—No.
—¿...una aspirina...?
—No, solo ibuprofeno, mentol...
—Vamos a darle un cuarto de ibuprofeno y a untarle mentol debajo de los bracitos...
—Mi madre es enfermera, la llamaré cuando pueda y le pediré consejos... ¡Aquí no hay ni un médico!
—Empecemos con el mentol debajo de los brazos...

El niño respiraba sosegado, pero estaba inquieto. De repente entró un Lagarto de color indefinido y nos llamó a prepararnos para salir nuevamente. Todavía era obscuro y se sentía algo de frialdad.

El Mellizo y El Cuñado se acercaron a nosotros en compañía de Ventura y Mariela.

—Ya nos contó El Pejecito lo del accidente. No es fácil... Salieron bien, eso es lo importante... —El Cuñado.

—...lo sentimos mucho... —El Mellizo a la joven.

Luego llegaron también El Pejecito, Ale y Kiko. Todos con rostros, verdaderamente, preocupados.

—Todavía me duele el hombro, el brazo, la mano..., la pierna... Iba dormido y la inercia me tiró sobre el asiento de adelante con todas las fuerzas y me golpeé con el borde... —les dije mientras me tocaba esas partes del cuerpo.

—Y a mí me duelen muchos los dedos —expuso la muchacha y agregó—: mi niño se golpeó en la cabeza..., sangró mucho... —Y comenzó otra vez a llorar.

—...y yo me fastidié una rodilla..., fue un momento difícil —explicó El Pejecito.

—Es que los choferes parecen que andan huyendo, van a toda carrera... —La joven.

—...es así..., no puede ser diferente..., ustedes tal vez no se han dado cuenta, pero nosotros andamos huyendo..., somos ilegales, vamos a la tierra del Onceno Sueño sin ningún documento oficial... —expuse y todos me miraron turbados, en ese momento se sintió la voz de El Lagarto indefinido.

Salimos cuando la claridad mañanera empezaba a ascender a la altura de unos nubarrones gigantescos, al parecer detenidos sobre unas leves ondulaciones. El viaje fue corto, quizás por la rapidez. Nos detuvimos cerca de un canal de agua y uno de Los Lagartos nos ordenó caminar hasta una loma donde nos recogerían otras camionetas.

Por primera vez Felita caminaba y no tenían fin sus quejas, igual que su compañera. Nosotros estábamos ya acostumbrados. Para ayudarle le tomé el niño y lo cargué casi la mayoría del trayecto, se sentía menos caliente su piel.

A nuestro par iba la muchacha que antes usara el corto short. Ahora lucía un jean bien apretado a las caderas que no sé cómo podía caminar. Tenía suerte, contó con la ayuda de El Pejecito que no se alejaba mucho de mi lado y le había tomado a su hijo que era mayor y más corpulento que El Gringuito. El resto de mis amigos habían tomado revancha, y, si primero era yo quien siempre iba adelante, ahora eran ellos quienes tenían la iniciativa y marchaban en la avanzada del grupo.

Esperamos menos de una hora en el lugar y de repente, a todo galope, como en un anuncio de lo que sería el recorrido, llegaron los fuertes vehículos. Y montados todos en los mismos por igual orden que en la primera oportunidad, empezamos a recorrer, otra vez para nosotros, los estrechos y resbaladizos bordes de las montañas.

Las muchachas no sabían qué hacer, cerraban los ojos, apretaban las manos, respiraban profundo y sudaban, no sin dejar de abrazar —sentados en sus piernas— a sus hijos.

Los niños —a pesar de que uno estaba con fiebre— no renunciaban a estar inquietos tal como si no pasara nada grave, era también —a modo de demostración desde su inocencia—, la defensa infantil contra el momento que a temprana edad vivían. Sin embargo, por toda respuesta podría asegurar que ellos no recordarían este momento ni pasados tres días, mientras nosotros jamás lo olvidaríamos en la vida.

Alrededor de cuatro horas estuvimos subiendo y bajando lomas en las camionetas. Y aunque llegó a estar avanzada la mañana, el clima que nos rodeaba parecía de una tarde gris de invierno. Una semi penumbra acompañada de niebla nombraba el ambiente circundante. A unos contados metros de distancia no se podía observar apenas nada.

Desconocía la capacidad de los choferes para manejar con tanta pericia por semejante perspectiva. Los barrancos se perdían en un abismo insondable donde una niebla o quizás varias nubes flotaban y escondían los límites y las profundidades de las faldas de las montañas.

Fuimos sintiendo el descenso poco a poco, era como bajar en un ascensor un edificio alto sin detenernos, hasta que llegamos a una llanura en la que recién había llovido.

La Séptima Tierra de Infiernos era similar en topografía a las dejadas atrás. No comparable en las angustias con la Tercera, Cuarta o Quinta Tierra, por lo menos para nosotros. Los acontecimientos vividos allí no podían catalogarse de extremos como en aquellas; eran un poco más de complicados que los normales, pero no iguales.

Plácida y serena había sido la Sexta Tierra: «ojalá todas las infernales tierras fueran como la Sexta Tierra...». Él no poseía experiencia de los restantes infiernos del mundo, «pero la Sexta Tierra podía calificarse como el paraíso, ¡lástima no haber conocido con familiaridad una rita en todo su esplendor, serán ángeles, amazonas de corta estatura... vírgenes al fin y al cabo», pensó él bajo el placentero aire de la llanura, teniendo en frente a las dos bellas y simpáticas compatriotas.

Las camionetas entraron por un gran portón al patio de otra casa campestre, ya se encontraban a pocos kilómetros de la frontera entre la Séptima y la Octava Tierra. Al poner los pies sobre la tierra, una arenisca amarillenta y húmeda se le aferró a la suela de su bota como una muestra de bienvenida complaciente. De la casa de campo salieron varios Lagartos vistiendo ropa vaquera. Sin poderlo evitar recordó un pasaje vivido en la Sexta Tierra.

Podría tenerse como un pasaje romántico. Era un espectáculo campestre. Y fue cuando, una noche, después de caminar decenas de kilómetros llegaron a un rancho perdido en la inmensidad de unos platanales o bananeras como ellos le decían. Parecía un rancho de filmes del oeste de la Oncena Tierra de Infiernos. Los hombres eran altos y fuertes, abundaban los caballos y por supuesto, los vaqueros poseían armas.

«Debían llamarse baneros...», se dijo él en reiteradas oportunidades. Sin embargo, los baneros eran buenas personas que al otro día después de un descanso, un buen desayuno y haber recobrado pertrechos, le alquilaron caballos para que no caminaran más durante un largo rato. Un rato que fueron horas hasta la siguiente hacienda. Horas encima del caballo, al compás del ritmo de su trote sobre las herraduras y los montículos de los trillos, también de las lomas.

Por el largo camino —sobre la montura también el alma—, en muchas oportunidades se escuchaban las voces baneras que entonaban una típica canción: «Allá en el monte, junto a las nubes, junto al arroyo..., tengo mi rancho hecho de paja, lleno de amores..., mis cuatro vacas, mi potro blanco, son mi tesoro..., y una morena, cuatro güilotas que tanto adoro..., y una morena, cuatro güilitas que tanto adoro».

Y cuando usted pensaba que terminaría, alguien que marchaba detrás continuaba entonando las notas: «Y por las noches, cuando la luna..., con su rayito nos ilumina..., se oye a lo lejos una guitarra..., que tristemente canta su pena..., así es mi pueblo, así es mi tierra...».

«Que tanto adoro y que nunca olvido...», continuó cantando en su pensamiento El Puro, embullado por la musicalidad y la pasión con que los vaqueros de aquellas tierras cantaban la melodía. Era, indudablemente, una escena romántica viajar a caballo con el hermoso horizonte en los ojos y la música en los oídos.

Así, en el trayecto disfrutaron, además de la música tradicional, la belleza del paisaje. Los ríos, los árboles, el cielo; las hierbas y los arbustos eran de una brillantez esplendorosa.

En verdad la Sexta Tierra podría catalogarse de paradisíaca, aunque como dijeran muchos: «no hay paraíso sin tetas», en este caso no habían observado ninguna memorable, ni en sus volúmenes debajo de inmensos sostenedores ni de ninguna otra forma.

Él recordó a la muchacha de la comunidad cerca del río en la Quinta Tierra, a Manuela, como se llamaba, «no podía olvidarla, su belleza e inocencia eran —sencillamente— imperecederas».

En la noche anterior, mientras trataba de conciliar el sueño, escuchó una especie de lamento en el cual una voz muy lejana declaraba: «Qué lindas que son..., delgaditas de cintura..., con mucho amor en el alma... Ellas quieren de verdad...».

Él no había podido comprobar la belleza de las que llamaba «las ritas», no le alcanzó el tiempo o la suerte. «Y es una lástima, una verdadera lástima porque al parecer son muy lindas», una que otra vez pensó antes de dormirse, teniendo por segura la coincidencia de su utopía con la representación de la imagen de la mujer en la canción.

En muchas oportunidades, y a diferentes alturas, le sobrevolaban avionetas que iban con dirección norte. Las seguía con la mirada hasta que se alejaban detrás de las montañas o los bosques. No sabía por qué extraña razón siempre pensaba que eran otros viajeros, entre ellos compatriotas suyos que con mayor dinero en los bolsillos podían darse el lujo de pagarla y no sufrir ningún tormento. Era el viaje más rápido, «…pagan buen dinero y en horas están pisando la pista de aterrizaje de cualquier campo de la Oncena Tierra de Infiernos».

El Mellizo y Ventura, El Cuñado y Mariela, El Flaco, El Pejecito y Kiko reían y disfrutaban por toda oportunidad el viaje a caballo; muchos de ellos lo hacían por vez primera y no sentían daño alguno.

Todo hasta que llegaron al fin del viaje y el disfrute se convirtió en queja cuando solo se escuchaba: «¡ay, no puedo más, tengo el culo en carne viva, la montura del caballo me ha pelado el culo…». Y entonces nos reíamos a carcajadas todos.

«Ahora toca caminar…», dijo —rompiendo mis recuerdos— un Lagarto de copiosa barba que había venido con rapidez hacia nosotros desde la casa de campo. Solo nos dio tiempo a estirar los pies, tomar con calma un poco de agua, chupar otros caramelos, una masa de dulce en barra, y, en mi caso, a evocar el paso por la Sexta Tierra.

—¡Puro, de aquí debemos salir hechos unos diabéticos…! —exclamó El Pejecito y algunos sonreímos.

—¡No digas eso, que la diabetes es para mí la enfermedad más terrible! —expresé con verdadera vehemencia.

Y era cierto, «es uno de mis miedos todavía, por herencia y por disfrutar tanto las bebidas dulces y frías».

—No esperemos más..., a caminar... —dije para todos y, tomando el niño de Felita en los brazos, empezamos a avanzar.

—¡Arriba, caminantes de vanguardia, nuestro es el futuro... el futuro nos pertenece por completo, adelante, aguerridos combatientes...! —exclamó de repente El Pejecito y empezó a marchar, con agilidad, como un militar.

—¡Uno, dos, tres, cuatro...! —contó Ale El Flaco.

—¡Comiendo mierda y rompiendo zapatos...! —agregó Kiko Soplete y nos reímos a carcajadas.

Muchos de Los Lagartos de color indefinidos nos echaron una mirada requisitoria. Pero todos continuamos caminando, ni ellos ni los demás de nuestros acompañantes de las tierras de infiernos del sur podrían descifrar a lo que nos referíamos.

Caminamos unos cinco kilómetros tal vez, no fue una larga distancia. En el trayecto tuvimos que atravesar una cerca de alambre que parecía infinita en sus dominios. Era como si saltáramos de un mundo a otro, como si abandonáramos reproches o problemas.

Al llegar al lugar descrito, unos buses nos esperaban, allí nos recibió otro grupo de los barbudos Lagartos, pero de color combinado entre marrón y verde. Unos fumaban, otros charlaban y reían a carcajadas; unos andaban vestidos de jeans y camisas mangas largas; otro, inexplicablemente, vestía de traje en semejantes parajes.

Los dos buses iniciaron la marcha pasadas las primeras horas de la tarde. Nos llevarían por atajos, muy lejos de las carreteras principales. El niño tenía una fiebre menos elevada, a Felita se le veía ansiosa, triste, mientras la otra muchacha, de nombre desconocido por el momento, no dejaba de sonreír.

El Mellizo, cada vez más cerca se encontraba de Ventura, acomodado en ella como si se conocieran de siempre. Otro tanto, aunque menos intimista, se relacionaban El Cuñado y Mariela, mujer entera en sus virtudes que sonreía plácidamente.

El Pejecito, Kiko y Ale, cada uno miraba extasiado por su ventanilla seleccionada para hacer el viaje. Yo, al lado de Felita, recordaba por momentos a mi Yasmeen y a mi querida esposa que hacía días no conversaba con ellas.

De repente, ya cayendo la noche y después de cruzar un viejo viaducto, los buses se detuvieron y desde los escalones de la puerta de entrada emergieron las figuras de unos uniformados.

—Buenas noches —manifestó uno de ellos.

—Buenas noches... —respondieron algunos.

—¿Hacia dónde van...? —preguntó otro policía recién llegado.

Todos enmudecimos.

—¿Traen documentos...?

Nadie pronunció palabra alguna.

—Entonces esto se resuelve fácilmente... —afirmó el policía que fue el primero en subir al bus.

El Pejecito y yo nos miramos desconcertados. Felita tenía sus manos y su labio superior lleno de gotas de sudor, se notaba con intenciones de hablar. El chofer Lagarto de repente se puso de pie, exhibiendo un color rojo en su rostro, y nos habló a todos.

—¡Claro que se puede resolver en un momento...! ¡Son diez por las personas mayores!

—No —interrumpió acto seguido el policía de barba canosa y añadió—: ¡Son veinte por personas, incluidos los niños!

Un murmullo se escuchó en casi todos los asientos. Mis compañeros de viaje no dejaban de mirarme. Yo solo subí los hombros en señal de que nada importaba y debíamos de hacerlo.

—Son unos abusadores... —me dijo en voz baja Felita.

—Yo tampoco tengo deseos de darles nada, pero si es para un día tener más, ¡qué importa! —le susurré.

—...y si es para sentirme más tranquila, también los doy... —añadió ella más confiada en su decisión.

—En tu caso serán cuarenta libertadores del norte... —Y miramos al niño que con tranquilidad dormitaba.

El policía se quitó el sombrero, ofreció a la luz una incipiente calvicie y avanzó hacia el final del bus.

Mis amigos no se veían contentos, pero ya estaban listos para depositar el dinero en la concavidad de tela y paño.

—Mejor así, mejor así... —aseguraba, acompañado de un movimiento afirmativo de cabeza, el chofer Lagarto, ya con menos sangre en su rostro.

«Lo dijiste tú, Matatán...», me ratifiqué esta vez para mis adentros y acomodándome en mi asiento, cerré los ojos, segundos después de que se apagaron las luces.

CAPÍTULO 5

OCTAVA TIERRA DE INFIERNOS

El Lagarto, que vestía chaqueta de cuero marrón, la miró con una indescriptible cara de rabia que la sumió, inesperadamente, en un miedo espantoso.

—¿Qué estás haciendo? ¿Me estás grabando? —le interrogó.

Se hizo un silencio general en el albergue de la casona. Los demás se miraban buscando explicaciones.

—No me escuchas, te estoy preguntando: ¿me estás grabando? —volvió a indagar con autoridad el hombre de rostro irascible.

Ella se quedó pasmada, no supo qué hacer ni qué decirle. Al final le expuso: «...sólo estoy hablando con mi esposo».

—¿Con tu esposo? Mentira, eres una mentirosa, estás grabándome, estás haciendo un vídeo de lo que hago y digo para después hacer quién sabe qué cosas..., ¡no mientas, la cámara está frente a mí...!

—Oiga, el teléfono tiene dos cámaras, la que está activada es la de la pantalla..., que es con la que hablo...

—Crees que me engañas..., quieres grabarme para después publicarlo..., ¡mira muchacha...! Ustedes todos son iguales..., mejor me contengo..., o hago cualquier disparate... ¡Tú no sabes quién soy!

Uno de Los Lagartos le pidió calma al ofuscado, que parecía ser el jefe. Felita no respondió nada más, con miedo se abrazó a su hijo y se sentó en su colchoneta.

—Nitrato, ven acá... —El Lagarto Marrón llamó hacia otro cuarto y de ella salió un hombre musculoso de jeans y pulóver sin cuello que se acercó a él.

El Lagarto Marrón le dijo algo a muy bajo volumen en el oído al otro Lagarto que al parecer —por su brillantez e inmovilidad— tenía un ojo de cristal, y una pequeña cicatriz mal curada en el rostro. El recién incorporado prestó atención por unos segundos, luego asintió con la cabeza, se estiró el pulóver que le quedaba un poco corto y miró indefinidamente a la joven que palidecía doblemente.

A ella se le enfriaron los huesos. Su piel, sin poderlo impedir, comenzó a temblar. Por vez primera en su vida era poseedora de un miedo semejante. «Es una locura, ¿cómo puede pensar que lo estoy grabando?». No sabía qué decir, ni qué hacer antes semejante sujeto y en tales circunstancias. «¿Cómo podría convencerle de que estaba equivocado?».

En este instante no existía defensa posible. Por un segundo sospechó que serían capaces de arrastrarla fuera del lugar y matarla a ella y a su niño. «Jamás imaginé que iba a vivir algo así...», «maldito embullo, maldito sueño», terminó por recriminarse en su pensamiento.

Alguien salió del dormitorio —que funcionaba a la vez como oficina— y se acercó a Los Lagartos que se habían ido a un rincón. Les dijo algo, una simple frase tal vez, y el hombre del ojo de cristal regresó a la habitación. Los otros dos se quedaron conversando más animadamente. El que antes le había llamado la atención parecía más relajado.

Las demás personas ubicadas en el albergue temporal de la casa, a la cual —fueron a parar en un pequeño pueblo de la Octava Tierra de Infiernos, la miraron con lástima y temor juntos, además, con vergüenza ajena y con dolor por el atropello que había sufrido.

Luego de unos minutos, los dos hombres fueron adentro y los viajeros que descansaban en el local empezaron a conversar. Entonces El Puro se acercó a Felita.

—Lo siento mucho, ¡son unos salvajes...!

—...nunca había sentido tanto miedo..., debe haberme subido la presión..., he sentido el desentono...

—¿Te sientes mal?

—...me siento nerviosa...

—Calma, todo pasa..., ya transitamos otras tierras de infiernos..., nos faltan dos más y llegaremos..., no te preocupes, estarás bien..., recuerda: ¡todo pasa...!

A El Puro, aquella frase de seguridad y futuro realizado le erizó la piel. Una fuerza profunda le manaba de sus carnes y huesos, de su espíritu. Simplemente se sentía dueño de tan legítima verdad.

Desde la tarde, unos seis meses atrás, que la fallida espera de mejorías en la Segunda Tierra de Infiernos se convirtió en el propósito de echar andar todo su cuerpo para conquistar el Onceno Sueño, le asistía la absoluta confirmación de que cubrirían la distancia y que «la Oncena Tierra se haría infinita en su interior».

Estaba confiado de que iba a salir, a soportar las angustias de los infiernos en las tierras recorridas, llegaría y en la «supuesta» menos infernal de todas las tierras sus sueños cobrarían vida palpable.

«Supuesta menos infernal», porque estaba al corriente de antemano —por muchas historias que le contasen— que no sería así; «era, tal vez, más infernal que todas las demás». «Y entonces, ¿por qué viajo hacia allá?», se había preguntado sin obtener la más mínima respuesta.

Sin embargo, el triunfo se lo aseguraba su pensamiento a sus fuerzas y a su buen ánimo. Por eso siempre fue el puntero en la fila del grupo. El que daba el primer paso, el que iniciaba el cruce de los ríos y los más difíciles terrenos enlodados o las rocas, el que lanzaba la palabra inicial para inquirir rutas y pronósticos, el precursor de las puertas abiertas y las subidas a las canoas y los buses.

Por ello, mientras los demás no dejaban de quejarse él solo confiaba en Dios. Su pensamiento, sin lugar a dudas, alzábase encomendado al gran Señor de las indivisibles tierras y los continuos cielos. «Dios se encuentra por encima de todos los infiernos de las tierras del mundo», se había dicho cada día al abrir los ojos en las condiciones que fueran.

—Igualmente confío en Dios..., llegaremos sanos y salvos..., Dios nunca nos dejará desamparados ni a mí, ni a mi niño... —aseveró Felita como si hubiese adivinado sus pensamientos.

—Te dije no le hicieras caso... —le dijo la muchacha que acompañaba a Felita que a la sazón era su prima hermana.

El niño rubio —El Gringuito— empezó a llorar de repente. Felita lo abrazó con más fuerza, él estiraba los pies.

—Parece que quiere caminar...

—No ha dejado de tener fiebre, y lo peor es que no se sabe de qué es..., en medio de esta locura no hay un médico al cual acudir..., con el lío del accidente la mochila con los medicamentos y la comida del niño se quedó en el maletero de la camioneta...

—Debes partir los medicamentos y las golosinas, en la mochila y en la cartera de manos... —le dijo su prima.

—Ya lo había pensado...

—Imagino lo difícil que debe ser para ustedes..., mujeres con niños atravesando estas zonas salvajes...

—Muy difícil, pero..., ¿qué vamos a hacer?... Tenemos que proseguir...

—¿Y por qué...?

—...las cosas de nuestras tierras de infiernos... —como dices tú—. Nosotros no pasábamos trabajo, éramos mis dos niños y yo, pero mi esposo está allá desde hace años, hemos solicitado por reunificación familiar nuestra unión y llevamos años..., teníamos algunos documentos hechos... contratamos abogados de allá y de acá, pero nunca llegó..., ya no aguantaba más y me lancé...

—Sí, se ha puesto mala la cosa en la embajada de la Oncena Tierra de Infiernos..., por culpa de ellos... Nos vamos allá, pero no puede negarse que son unos cabrones... —Y El Puro enarboló una leve carcajada.

—...teníamos de todo, la buena casa con sus lujos y mucha comida, mi esposo me mantenía desde allá, pero siempre he querido irme, mis amistades me dijeron que era fácil llegar por acá, él lo quería también y compramos pasajes..., dejé mi hijo mayor con mi abuela y mi mamá..., no sé cuándo nos volveremos a ver... —contó con tristeza la muchacha y comenzó a llorar.

El Puro no sabía qué hacer. Podía tener un gesto de sosiego con ella, en cambio no quería que pareciera que se estaba aprovechando con una simple caricia o secarle las lágrimas que rodaban por sus mejillas.

—Calma, mucha calma, como siempre te he dicho, es cuestión de tiempo y resistir, llegaremos...

—Así mismo, allá estábamos tal vez bien, pero acá vamos a estar mejor, de esa mierda de allá, ni quiero saber... —La prima de Felita.

«Otra más como el bigotudo dueño del motel, están donde menos te lo imaginas...», pensó El Puro.

El Lagarto Marrón salió del cuarto y se acercó a ellos.

—¿Te sucede algo? —le preguntó a Felita.

—Tengo a mi niño con fiebre y no sé qué hacer... —respondió ella, después de un breve espacio de dudas.

—Te llevaré a otra casa para que estés mejor...

La muchacha se inmutó, esta vez no tenía respuesta alguna.

—A ti..., a tu niño, y a tu compañera también con su niño —añadió El Lagarto Marrón y se sintió el respiro de alivio de Felita.

—Como usted diga... —Felita en un suspiro.

—Tú eres como si fueras mi hija... —le dijo mirándole a los ojos y detrás de una pausa, adicionó —: ...ahorita, después de recoger una parte del pago de la travesía, te traslado hacia mi casa.

El niño corrió y con fuerza se lanzó sobre una de las colchonetas.

—¡Y eso que está enfermo! —exclamó El Lagarto Marrón.

—...los niños son así... —La madre, descubriendo una mueca de resignación.

—...lo sé..., yo también fui niño... —sentenció El Lagarto y sonrió ligeramente.

La muchacha le acompañó, a modo de respuesta, con su sonrisa más fingida.

—¡Vamos con el pago...! —alzó la voz El Lagarto Marrón dirigiéndose al resto de los congregados en el local y se alejó camino de su habitación y oficina de negocio.

—Bueno, nos vemos más adelante, cuídate mucho y que el niño se mejore... —El Puro a Felita.

—Gracias por todo, eres muy amable con nosotros, nos vemos..., igualmente suerte para ustedes —respondió Felita haciendo una mueca con su boca, era uno de los gestos más característicos de su persona, y que se debía adivinar su significación según fueran las circunstancias.

Cada viajero buscó en su parte más íntima y sacó lo necesario para pagar el recorrido. El Puro se acercó a El Mellizo y Ventura.

—¿Cómo están?

—¡No nos ves!, enamorados... —respondió con un suspiro El Mellizo.

—Muy bien —Ventura con una sonrisa.

—Vaya, ¡qué románticos! —El Puro y alimentó sonora carcajada.

—Puro, ¿qué pasa ahí? —El Pejecito.

—¡Qué chismoso eres! —El Mellizo.

—¡Miren —se acercó Kiko—, nos hemos encontrado con un compatriota! Nos conocimos cuando pasamos el verde... era nuestro agitador político...

—¡No me digas! —Ale El Flaco.

—Hola —saludó el recién llegado—, mi nombre es Arturo, pero me dicen El Pelao.

—Un placer, hermano... ¿Y te diriges al norte revuelto y brutal? —indagó El Puro y le saludó con un fuerte apretón de mano.

—Claro que sí, ¿por qué no?

—Por nada, hermano, como eras político...

—...eso nada tiene que ver... —El Pelao con seguridad.

—¡Qué no...! —El Puro, burlón.

—Estábamos conversando de la tierra, él es también de la zona, pero en este caso..., del «extlemo oliente...» —Kiko para suavizar el ambiente, y echamos a reír.

—Muy buena zona la de la punta... —El Puro.

—Claro que sí, mucho coco y mucha miel... —El Pejecito.

—¿Y se vende mucho por allá...? —El Mellizo emocionado, abandonando la posición de descanso junto a Ventura.

—Clarín del monte..., mucho dulce de coco y mucho turrón..., chocolate... —respondió El Pelao.

—Tú como siempre... —le dijo El Flaco a El Mellizo.

—¿Cómo siempre qué...?

—En el invento..., ni buscando otros derroteros dejas de pensar en la vida fácil... —El Pejecito.

—Tan fuerte que está... —Kiko.

—Así mismo..., cada vez que lo veía con esos fuertes brazos y pregonando: Maní, maní caliente..., maní bien tostadito y caliente... Y los cucuruchitos que apenas se veían en sus manos... ¡Qué futuro el de nuestro país...! —exclamó.

—¡Puro, Puro! Suave, hermano, suave..., ¡que está Ventura y va a pensar mal de mí! Mira, que estamos ya casi listos para casarnos... —Reaccionó El Mellizo y todos nos echamos a reír, incluyendo El Pelao y la propia Ventura.

El Cuñado alzó la cabeza y desde donde se encontraba unos metros más allá vociferó: «¿de qué hablan?, no me dejen afuera...». «¡Oigan eso quien salió; otro vago más...», le respondí y la carcajada fue mayor.

De la habitación salieron El Lagarto Marrón y el del ojo de cristal, otearon por encima y al instante las risas cesaron. Eran como resortes para estropearlo todo.

—En verdad, Puro —volvió El Mellizo—, Ventura y yo nos llevamos muy bien y creemos que de esta situación puede crecer un gran amor, por lo que estamos pensando unir nuestras vidas por completo.

—¡Vaya, vaya..., hay boda pronto...! ¡Felicidades! —exclamó El Pejecito entusiasmado.

—Es bueno saberlo, me alegro mucho..., sería muy bueno que de esta difícil trayectoria surgiera un gran amor, y aún más que diera bellos y grandes frutos..., les deseo todas las felicidades del mundo en estas tierras de infiernos... —les exterioricé.

—Es por el país en que vivíamos —expresó El Pelao.

—¡Qué cosa es por el país! —Ale.

—¿Qué El Mellizo haya encontrado mujer en este viaje...? —pregunté con picardía.

—...que El Mellizo no tenga buen trabajo y no gane lo suficiente para comer y vivir... —El Pelao.

—¿De verdad...? Pregúntale al Mellizo cuándo anduvo sin zapatos y ropas, y cuándo pasó hambre... Y también, pregúntale cuándo trabajó...

—Puro, ¿pero no me digas que allá se ve el fruto del sacrificio? —El Mellizo.

—Se ve si te sacrificas..., pero hay que admitir que nosotros bien poco nos sacrificamos...

—...bueno, eso también es verdad..., pero a mí no me gusta sacrificarme por gusto... —sentenció El Mellizo.

—Eso es cierto, así que prepárate, lo que viene para arriba de ti es nitrón... —le dije y añadí—: ...ahora vas a saber lo que es amor de mulata.

—De mulata no, ...de Ventura... —respondió El Mellizo y abrazando a su novia le depositó un beso en la boca, y se sintieron carcajadas, exclamaciones y aplausos.

—Y entonces, ¿por qué ustedes salieron de allá? Si para ustedes era el paraíso se hubieran quedado... —El Pelao.

El Puro le ofreció a El Pelao una larga mirada de indagación y asombro. No le era soportable.

—No es el paraíso, es una tierra de infiernos..., según el gran filósofo Jota punto, A punto El Puro... —expuso El Pejecito y todos echamos una gran carcajada que a segundos bajamos de volumen.

—¡Oigan... oigan...! —El Cuñado desde la lejanía, Mariela reía también.

—¡Maldito comunismo...! —masculló El Pelao al mismo instante en que volvieron a salir de su oficina El Lagarto Marrón y El Lagarto del ojo de cristal.

Los dos se dirigieron a la zona donde se encontraban Felita y su prima. «Vamos», le dijeron, por lo que las muchachas terminaron de recoger sus cosas y caminaron detrás de ellos.

—Tengo unos deseos de ir al baño... —El Mellizo.

—¿Y por qué no has ido?

—Porque cada vez que voy siempre hay alguien...

—Pues oye, haz la cola y espera como lo hemos hecho nosotros, sino te vas a cagar... —El Pejecito y sonreímos.

Las muchachas se alejaron. «Vaya, Puro, te llevaron la jeva...», me dijo Kiko y los demás volvieron a sonreír. «No..., es una mujer bonita, pero la ayudo por solidaridad, me recuerdan a mi mujer y a mi niña..., si la ayudo a ella, estoy ayudando a mi familia...», respondí en el momento en que las chicas desaparecieron por completo. «¿Quién sabe si las vuelves a ver?», ahora fue El Pejecito. «Las volveré a ver...». «Claro que sí, pero Puro, ella no es tu mujer y es un niño, no una niña, así que esa solidaridad se llama amol...», me aseguró El Flaco con una palmadita en los hombros y acentuando la palabra pronunciada a la manera de algunas zonas del oriente isleño.

El sol estaría cayendo afuera, el reloj marcaba las seis y cuatro minutos.

—¡Ah, una buena noticia, no hay agua para bañarnos...!
—Eso no es problema...
—Lo dijiste tú, Matatán... Llevamos ya casi tres días sin bañarnos..., y que conste que no es récord... —Sonreí.
—La cáscara guarda el palo... —sentenció El Pejecito.
—...y bien guardado, un palo bien guardado... —El Mellizo con gesto enfático y echamos al aire nuestras carcajadas.

En el baño de la casa a donde habían llevado a Felita y a su prima sí había agua. En cambio las dos estaban aterradas. La casa estaba llena de hombres armados que bebían y fumaban yerba, también contaban grandes sumas de dinero. Eran hombres de malas caras.

Por eso —Felita y su prima— tenían miedo de ducharse y en medio del baño ser sorprendidas y violadas. Sólo higienizaron a sus hijos como les fue posible y comieron con buenas ganas unas hamburguesas, papas fritas con refrescos y pizzas; se saborearon como tiempos atrás no lo habían hecho. Tampoco llamaron por sus teléfonos a sus familiares, ni a través de llamada de voz ni videos, no querían que se repitiera la escena de la casa anterior.

El Gringuito seguía con fiebre pero un poco mejor, aunque su madre no dejaba de estar angustiada. La música de la diversión de Los Lagartos y sus carcajadas no dejaban dormir, de todas formas, Felita no descansaría tranquilamente hasta que el niño ya no tuviera fiebre.

Luego de que los niños jugaran un rato, se acostaron con todas sus ropas puestas en una cómoda cama y en un cuarto bien acondicionado, seguro era una de las tantas casas que poseía El Lagarto Marrón.

El Puro, ya recostado sobre su colchoneta esperando el sueño, dedicó un pensamiento de bienestar para Felita y su hijo. Igualmente encontró los mejores ánimos para su madre, su esposa y su preciosa hija Yasmeen en la lejana Primera Tierra.

Su hermana menor, caminó por frente a sus ojos cerrados, portando una sonrisa de felicidad infinita. Se encontraban en el parque de su pueblo y, animadamente, conversaban al amparo de la agradable sombra de los árboles y de la brisa que batía desde el mar.

Pasadas unas fechas —no sabría definir con exactitud—, sería semejante su satisfacción. Su Onceno Sueño se consumaría: sus pies marcarán las huellas de su edad y sus aspiraciones, por todos los siglos de los siglos, en la infernal tierra del «norte revuelto y brutal».

Ahora vivía los infiernos de la Octava Tierra, sin embargo, desplegaba por todos sus poros el convencimiento que llegaría y atravesaría la Novena Tierra de Infiernos. Tierra menos extensa que las anteriores, no obstante con similares fuerzas retadoras para que cumpliera con el primero de sus objetivos cotidianos desde hacía un mes.

No podía creerlo, un mes se cumplía desde que salieron de la Segunda Tierra. Un mes en que el riesgo para sus vidas era común. Treinta días de caminatas, viajes en autos, a caballos, en canoas como los indígenas, sin apenas dormir. Un mes en que escasamente se habían bañado y comido.

Carecían, ahora, de muchas libras de peso: El Flaco y El Puro eran finas tablas humanas; El Mellizo y El Cuñado perdieron sus ostentosas barrigas infladas; Kiko y El Pejecito, increíblemente, mantenían sus aspectos físicos, pero estaban disminuidos. No solo la falta de la segura, copiosa y buena comida hechas por sus madres enflaquecieron el cuerpo; las angustias causaban debilidades físicas y espirituales apreciables.

La Novena Tierra, sería imponente pero la salvarían. Ya imaginaba él que un río sería el límite —como siempre— entre una tierra y otra. Seguro, en medio de la noche, aparecerían las balsas hechas al estilo de los que cruzan el estrecho de agua que separa a su Isla amada de la Oncena Tierra.

Consideraba que era una travesía aún peor. Aunque las estimaciones siempre serían inapropiadas para hacerse un juicio imparcial. No era justo comparar los pasos de la selva, los ríos y los riscos con el cruce —por el mar— de un estrecho de noventa millas de agua. En verdad las dos alternativas eran de extremo peligrosas.

Lo sencillo y normal sería tener la posibilidad de que el hombre o la mujer viajaran por vías legales y vivieran en cualquier parte del mundo, donde quisieran. El planeta tierra es la casa común y natural de la especie humana. La ley natural es que migrara, como animal que es, y se estableciera en el lugar donde estimara que están las más adecuadas condiciones para su vida, donde mejor se sintiera con el clima y con el resto de los de su especie.

Pero leyes creadas por hombres con el poder otorgado por otros hombres, habían establecido, en demostración aún más animal, fronteras restrictivas en contra de lo determinado por el sentido común de la naturaleza. La muerte también era natural, pero no la muerte por emigrar un ser humano de un lugar a otro. «La muerte por migración es antinatural», se reafirmó El Puro.

Sin embargo, un riesgo de muerte es, asimismo, cruzar en un neumático de carro las turbulentas y profundas aguas del mar que se movían según circulara la corriente del golfo o soplaran los aires en la atmósfera. Muy difícil eran los viajes a los cuales, en una supuesta salvación, se enfrentaban sus compatriotas escogieran la ruta que fuera, según sus posibilidades.

Muchos se perdían en las aguas e iban a parar a islas de infiernos, otros morían en la travesía por el mar, ahogados, de inanición, quemaduras por el sol o comidos por tiburones. No era un extravío ni una muerte diferente, la muerte nunca es diferente, la muerte siempre es la misma, mueras ahogado en el mar o en el río, mueras en la selva a manos de un animal venenoso o despeñado por los riscos; de los extravíos te pueden salvar o consigues volver a encontrar el camino, no obstante —donde quiera que suceda y como ocurra—, «la muerte siempre es la misma muerte».

Pero, esta vez, en el paso por el río en balsa de la Octava a la Novena Tierra no se corría tantos riesgos como en el mar.

Se atravesaba un río mediano, no crecido y se salvaban, en medio de la oscuridad, posibles daños sin ser grandes los riesgos.

Y, luego de alcanzar la nueva orilla, las manos de Los Lagartos, ya no marrones, no obstante lagartos al fin y al cabo que podían cambiar al color que les pareciera. Nuevos Lagartos para que asomaran similares camionetas, buses o taxis, prestos a devorar kilómetros y acercarlos a la no menos famosa Décima Tierra de Infiernos.

Por ahora en la Novena Tierra no les abandonaba la lluvia y el fango. Y las camionetas, por más robustas que fueran en aquellos caminos y entre los grandes árboles de la selva en su misión de eludir el asedio policial, terminaban por atascarse en el lodo.

Y ruge el motor y el vaivén. Y ruge el motor y se desea desatascarse. Y ruge el motor y se reza. Y ruge el motor y no se puede. Hay que pisar el fango, quitarle peso al carro, sacar cadenas, amarrarlas, intentar con los hombres —el sexo fuerte— mover la camioneta y sacar las gomas del agua empantanada. Intentos y más intentos. Intentos y ruge el motor, hasta que se puede. Y se vuelve, como a la velocidad de un rayo, a volar sobre los caminos perdidos entre las malezas oscuras de la selva.

Y se avanza hasta que de nuevo se vuelve a caer en el lodo y hay que volver a intentarlo hasta desistir. Esta vez no se pudo y no es conveniente quedarse en la camioneta acinados, sintiendo la respiración ajena, el olor desagradable de la piel sin oler agua, las quejas, las tripas que suenan llenas de aire después de horas sin comer.

El Gringuito de repente comienza a llorar. Felita se pregunta por qué. Ya no tiene fiebre. Su fiebre fue curada antes de abandonar la casa del Lagarto Marrón. Sin embargo llora con desespero hasta que ella, entre tanta angustia es que comprende que ha perdido su tetina.

«Justo ahora», se dice cuando sabe que su tranquilidad es chupar el tete. Ella busca los otros, no los encuentra. Con la ansiedad olvidó que estaban entre las cosas del maletín perdido en el accidente. El niño llora, Felita, su prima y El Puro se inquietan.

No ha parado de llover y es la selva oscura, no sirve de nada intentar buscarlo. Aunque El Puro lo intenta, pero «apenas se ve a tres pasos», se dice y recuerda la serpiente venenosa de la Cuarta Tierra. Sus manos se enfangan, teme a cualquier desconocido animal que lo pueda morder o picar. Hay que estar tranquilo entre los arbustos, mientras se logra —en otra oportunidad— intentar sacar el auto, nuevamente, del lodo.

«Por favor, calla a ese niño, la Policía puede descubrirnos por sus llantos», le protestan a Felita los demás. «Calla ese niño...», le vuelven a decir y entonces la madre se desespera, comienza a llorar. Ha dejado de clamar al cielo por una ayuda, por alguien que venga y los salve o «la maldita camioneta salga del fango». Llora el Gringuito que no se calma por nada, llora Felita.

Una madre joven, pero mayor que Felita se acerca y le pregunta el motivo del llanto del niño y ella le explica. Entonces aparece otra tetina, de dos que poseía la madre mayor, y apenas El Gringuito prueba la goma en forma de pezón, cesa el llanto. Felita agradece, deja de llorar también, seca sus lágrimas y sonríe aliviada.

Entonces, El Puro, busca del otro par de zapatos que lleva en su mochila un cordón y se lo da como agarradera para atar la tetina al cuello o a la ropa del niño. Y se hace el silencio, el silencio de los hombres, porque las gotas de lluvias siguen cayendo sobre la acechante oscuridad de la selva.

Se busca palos, piedras, y de nuevo el motor de la camioneta ruge en el intento por abandonar el lodazal. Más piedras, más palos, más fuerza humana empujando, más ruidos del motor que se agiganta y vence. De nuevo al camino y llegando los primeros albores del día se abandona la selva de la Novena Tierra de Infiernos.

Luego sería el ajetreo normal de la lucha por no ser visto por la Policía. La continuación del viaje tan solo con un caramelo en la boca, un caramelo y se baja de la camioneta. Una galleta en el estómago y se sube a un bus con prisa. Un trozo de dulce en barra por la garganta y se baja del bus. Beber un trago de agua y se sube a un Jeep. Deseos de orinar y cargar con más prisa la mochila del Jeep al bus, aguantar el deseo que si se va el bus te quedas solitario en la Novena Tierra y entonces tendrías que reorientarte y gastar más dinero.

Hasta que llega la noche y el ritmo cesa, y se puede orinar y defecar donde aparezca y como puedas, empero con más tranquilidad. Y se puede escuchar una guitarra y un lamento en voz de un Lagarto: «Yo ya me voy..., me voy cantando, me voy gritando lejos de aquí..., te canto a ti..., mi tierra querida donde nací...». Y algunos entusiasmados con el ajetreo normal, en las manos de Los Lagartos, como salvación para alcanzar la supuesta gloriosa y Oncena Tierra de Infiernos.

El río para cruzar a la Décima Tierra distaba, quizás, un kilómetro de distancia, no obstante había que aguardar el aviso, debíamos esperar que Los Lagartos abrieran sus crestas o cambiaran de color; ellos eran lo que determinaban el tiempo. Todo estaba arreglado por ellos.

Por eso, a pesar que era noche propicia no se pudo salir, y a la mañana siguiente tampoco, a la segunda noche llegó la autorización y todos empezamos a caminar en busca de la ribera. El aburrimiento, como en otras ocasiones, originó perezas en nuestras fuerzas.

Al llegar a la angosta orilla aparecieron otra vez las balsas. Esta vez tenían un entablado más grueso sobre las gomas de los carros. Y llegó el recuerdo del cruce de balsas a través del estrecho del mar. No lo pensaron, pues en los recorridos no se piensa dos veces lo que se va a hacer.

Se montaron en las balsas y se atravesó el río como se había hecho de la Octava para la Novena Tierra. Con la diferencia que en la orilla contraria —en la Décima Tierra— se encontraba un gran muro de piedra que había que salvar. Y se hizo, se llegó a la otra orilla, se bajó, se traspasó como pudo el muro de piedras y se puso los pies en la Décima Tierra de Infiernos.

En esta ocasión no se tuvo ni la más mínima posibilidad de ceremonia alguna —espiritual o no— para celebrar el arribo. Ni el intento de festejar en el mismo pensamiento, no dio tiempo a nada. Fue caer en tierra y correr para subir una loma pronunciada y luego llegar hasta las camionetas que esperaban.

El Puro, ayudó como le fue posible a Felita y a su hijo, igual que El Pejecito hizo con la prima y el otro niño. En algunas ocasiones no era que se les olvidara ayudarlas, era que la prisa desquiciada y el cuidado personal les reclamaban atenderse a sí mismo y, no era suficiente el tiempo ni las fuerzas para ayudar a los demás.

En las camionetas, que levantaron vuelos por los primeros caminos de la Décima Tierra, tuvieron que sentarse en el piso o acostarse según fueran las circunstancias. Y para colmo de males les echaron una lona gruesa por encima a modo de protección como si fueran una mercancía cualquiera. «¡Claro, para que no fueran inspeccionados», pensó.

«Nos vamos a asfixiar», dijo Felita, haciendo un cuenco con el cuerpo para proteger a su niño. «¡Qué calor!», exclamó El Pejecito, mientras por su parte Kiko y Ale tosían y el Mellizo y Ventura, así como El Cuñado y Mariela, aprovechaban para acomodarse casi uno encima del otro, pero dejando el espacio necesario para que se pudiera respirar sin malestares.

«Esta es la tierra donde más escondidos tenemos que andar, hay que evitar que nos tomen preso y nos deporten, ahí si nos embarcamos y lo perdemos todo, más nosotros..., así que solo es el comienzo..., silencio y resistencia...», argumentó El Puro, al compás que el viento batía la lona e imaginaba el polvo del camino volando afuera.

Así, con un calor semejante, y —a veces— tosiendo a causa del polvo y la humedad de las paredes y la colchoneta, El Puro se durmió en la casa donde se encontraba en la Octava Tierra de Infiernos. El flashazo, con la posibilidad de vivir los detalles de su futuro recorrido por las carreteras de la Novena y Décima Tierra, lo pasmó en la oscuridad.

A la mañana siguiente, cuando Felita, se levantó y tomó la temperatura de El Gringuito tuvo la confirmación de que le había aumentado. Después del aseo y el desayuno, cuando El Lagarto Marrón fue a saber cómo habían dormido, ella le pidió —con lágrimas en sus ojos— que la llevara a una farmacia.

—Está bien, prepárate... —le respondió.

—Siempre se lo agradeceré en el alma..., ¡no lo dude! —le dijo ella emocionada.

Las calles de la ciudad eran limpias y exponían una paz disfrutable para vivir. Felita abrazaba con ternura a su hijo, que con inquietud exteriorizaba síntomas de estar cansado y triste. En sus manos llevaba un automóvil de juguete diseñado a la manera de los autos de los años cincuenta del pasado siglo. Pronto llegaron a la farmacia.

—Buenos días —dijo la madre.

—Buenos días, en qué le podemos ayudar... —El dependiente sonreía con agrado.

—Aquí te traigo una joven de la Isla, el niño está enfermo y tiene fiebre, quiere comprar algún medicamento que sirva para bajarle la fiebre... ¿puedes ayudarla?

—Claro que sí. Y de qué padece el niño... —El dependiente, que era un hombre de unos treinta años.

—De nada... —respondió Felita y añadió—: ...debe ser la garganta o que le va a caer catarro..., se ha bañado con agua fría y ha estado en contacto con mucho polvo...

El teléfono de El Lagarto Marrón sonó, y el hombre se fue unos metros más allá a responder la llamada. En la radio que, anteriormente, difundía noticias sobre un terrible virus, comenzó a sonar una canción: «...Dónde es que hay lluvia de peces..., cual milagro celestial... Dónde está una Virgencita..., madre y reina nacional...».

—No hay problemas..., le preparo algo para la garganta y puede comprar aspirina, duralgina e ibuprofeno... —le dijo el joven y aprovechando que El Lagarto estaba alejado le preguntó—: ¿Usted está de tránsito para el norte?

Felita no le respondió.

—Porque si es así..., le ofrezco un lugar para vivir a mi lado..., sería una felicidad para mi vida compartir todo lo que tengo con una muchacha tan hermosa nacida en la Isla Grande... Y me disculpa si le ofende mi pretensión..., pero usted ha sido una luz al entrar, algo que sucede una sola vez en la vida...

Felita se mantuvo callada, pero esta vez sonrió haciendo su gesto característico con la boca. Por toda respuesta, cargó a su hijo y lo besó en la mejilla.

El Gringuito comenzó a llorisquear al ver un atractivo objeto: «Juguete, juguete...», articuló, y cuando la madre miró hacia donde su pequeño dedo índice indicaba, sonrió y le expuso: «eso no es un juguete». El niño continuó diciendo «juguete» y empezó a gemiquear, pero ella no le hizo caso.

El Lagarto Marrón reaparecía en el momento en que el joven situaba los medicamentos sobre el mostrador y todavía la música ambientaba el lugar: «...Para bailar..., indita mía, yo voy palmeando alrededor..., para gritar..., con una mano tomo el sombrero y lo hago así...».

—¿Cuánto es?

—Veinte...

—Tome y gracias.

—Hasta luego, ha sido un placer atenderla..., no olvide mis palabras, ni mis consejos con usted y su niño..., ¡qué recobre pronto la buena salud! —exteriorizó el dependiente.

«Donde han visto una bandera..., recordándonos la unión... Donde hay tierra para todos..., los que quieran trabajar...», se dejaba escuchar la voz desde la radio. Por su compás y significado —con respecto al deseo que le confesó el dependiente— estas dos últimas frases le motivaron a Felita una sonrisa, entonces hizo un gesto de adiós con la mano al vendedor y salió con buen ánimo de la farmacia.

Al llegar a su cuarto, Felita comenzó a suministrarle el medicamento a su niño. Y el día transcurrió normalmente para ella y para El Puro y sus amigos en la casa donde se encontraban. Así fue hasta llegada las dos de la madrugada en que se empezaron a preparar —previa información del día anterior— para el siguiente trayecto.

A las tres de la mañana subieron a las camionetas. En el viaje no pudieron encontrarse El Puro y Felita; los ubicaron en grupos diferentes. Era un viaje común: el vuelo característico de los vehículos sobre los caminos, la separación adecuada entre una y otra, todo el arte del sigilo veloz para no ser percibidos por la policía. Sólo cuando empezaba a salir el sol e hicieron un alto para un transbordo y debieron de esperar a mitad de la carretera, Felita y El Puro, se vieron de nuevo.

—Hola, ¿cómo estás? —El Puro fue el primero en saludar.

—Bien, o, mejor dicho, sobreviviendo..., ¿y tú?

—Bien, los extrañaba... —contestó él y a seguidas indagó rápidamente como para que Felita no analizara en su cerebro que la necesitaba en sus cercanías—: ¿...y el niño?

—Ya mucho mejor, ayer me llevaron a una farmacia y compré medicina... Ya no tiene fiebre.

—Qué bueno..., así lo parece, El Gringuito se ve más animado..., está jugando, aunque él ni enfermo deja de jugar...

—Y tú lo sigues llamando como le decían en el motel... —me comentó Felita después de una sonrisa.

—Sí, como es bien blanco y rubio... —me justifiqué y sonreí.

La prima de Felita, unos metros más allá, conversaba de pie con El Pejecito. El Mellizo y Ventura, así como El Cuñado y Mariela, se habían sentado sobre unas piedras bajo las sombras de un arbusto, bien cercanos, risueños y de manos tomadas.

No era un lugar muy caluroso, sí solitario. Esperábamos muchas personas de diferentes tierras de infiernos del Sur y del Este, de todos los tamaños y las edades. Unos por aquí y otros más allá. Estábamos aguardando a que nos dieran permiso para pasar por el lugar que nos conduciría a la frontera. No éramos tampoco un grupo de más de veinte personas.

De pronto, y sin saber de dónde salieron, se aproximaron al grupo cuatro hombres pequeños y morenos que me recordaron a los de la Quinta Tierra. Alguien se acercó y les preguntó: «¿Ustedes son los nuevos Lagartos...?». Los hombres por toda respuesta sacaron unas armas y atraparon por el cuello a un señor mayor.

—¡Dame dinero, dame dinero...! —le gritó uno de los bandidos, dándose vuelta y tomándole por la espalda. O no harás el cuento —añadió en el forcejeo.

Otro de los hombres fue y aferró por los brazos a una mujer que se encontraba cerca y le puso la pistola en la cabeza. El resto de los del grupo se quedaron atónitos cuando los dos restantes empezaron a gritar y a apuntar —con un movimiento semicircular— en todas direcciones: «no se muevan, no se muevan y saquen el dinero...», nos indicaban.

Todos nos fuimos echando hacia atrás. «Vaya mierda, un asalto», me dije. Las madres cubrieron a sus hijos, los hombres a sus mujeres. «Ahora sí, lo que faltaba...», se molestó Felita. El Pejecito y Ale me miraban, no sé si con cara de inquietud o con deseos de encontrar una solución para abalanzarse sobre los salteadores. Nadie quería dar su dinero.

Con fuerzas el hombre que había tomado de rehén al señor mayor lo sacudió, revisó su mochila, sus bolsillos, lo tanteó y, en un momento —al descubrir algo— le arrancó una cartera que el hombre llevaba atada, por dentro de la ropa, a la cintura.

«¡Qué haces!», exclamó el hombre con los ojos llenos de asombro e ira y se llevó las manos al pecho. «¡Mi dinero, mi dinero..., mis tres mil..., son los tres mil que tanto he cuidado!», exclamaba y cayó a tierra, y entre la hierba y el fango se retorcía de dolor hasta que quedó rígido.

Los cuatro hombres se asombraron y se les notó un nerviosismo que fue creciendo, tan solo se culpaban entre ellos. Un ruido comenzó a escucharse y fue aumentando en volumen desde la distancia; y se aproximaba continuamente.

«Vámonos, vámonos», gritó uno de ellos; «...mejor terminamos y recogemos más dinero...», propuso otro. «¡No, yo me voy...!», proclamó el que había tomado la cartera y comenzó a huir, los tres restantes emprendieron carrera de vueltas por el lugar que llegaron.

Los integrantes del grupo respiramos aliviados por nuestras vidas, sin embargo, con prontitud El Pejecito, El Cuñado y yo corrimos hasta el cuerpo tendido en el suelo. Masajeamos su pecho, le echamos un poco de agua en la cara, luego alcohol en la nariz, y el cuerpo no respondió. Estaba muerto en un camino que atravesaba la selva de la Octava Tierra, tal vez a la mitad del viaje hasta la Oncena y definitiva Tierra de Infiernos.

En un instante el ruido que hizo correr a los asaltantes se hizo más fuerte y cercano y se apagó de repente.

—¿Qué pasó? —preguntó un Lagarto vestido de verde después de poner pie en el piso.

—Un asalto..., le quitaron el dinero al hombre y no aguantó, le dio un infarto... —informó alguien.

—La impotencia, el miedo, y su pobreza lo infartaron... —murmuró pensativo El Cuñado.

El Lagarto Verde observó el ambiente con una mirada calculadora, después que evaluó la situación dispuso:

—¡Hay que deshacerse del cadáver...!

«Lo dijiste tú, Matatán...». Otra vez cargamos por los brazos y las piernas con un cuerpo muerto. Recordé al joven compatriota que lo asfixió el veneno de las Tres Pasos. «Son circunstancias diferentes pero representativas del camino al Onceno Sueño...», pensé al ver caer el cuerpo entre la hojarasca, los ramajos y el fango, unos metros más allá del borde del sendero, aquí tampoco había tiempo para darle cristiana sepultura.

Y las camionetas otra vez en medio de una más loca y veloz carrera sobre los caminos de la selva. Ahora, supuestamente, se huía por dobles motivos. Felita, se veía fuerte de temple, sin embargo, a veces, gestos y palabras declaraban la angustia que vivía. Ella era, otra de las que si hubiera sabido a lo que se arriesgaba no hubiese tomado el avión y dar los pasos en las tierras de infiernos, en el mismísimo centro continental.

Aproximadamente a las dos horas hicimos el transbordo a un bus. Con la premura de todas las veces anteriores tomamos nuestras pertenencias de la camioneta, nos bajamos y subimos al bus. Fue otro viaje de aproximadamente una hora y nos encontrábamos en la más breve cercanía del río que nos daría la posibilidad de saltar de la Octava Tierra a la Novena Tierra de Infiernos.

Nos hicimos al camino el grupo de unas quince personas. La noche era impetuosa, jugaba con claridades y oscuras sombras de repente. Los ruidos eran de toda índole, las hojas, el viento, los pasos sobre las piedras, los animales de la selva, el respiro entrecortado de cada cual, los temores, las angustias, el sudor, el hambre, los ojos cautelosos, las expectativas, los sueños; todo sonaba a contados metros de la ribera sur. La ribera norte no estaba tan lejana.

Ahora, allí —a sus pies—, esperaban las balsas entabladas en su superficie. Aunque no fueran idénticas, El Puro, irremediablemente pensó en las que hacían y lanzaban al mar sus compatriotas occidentales de la Isla para alcanzar la Oncena Tierra.

«La Travesía de las noventa millas», terminó por calificarla. «Era una cábala —se dijo, además—, una cábala de múltiplos del nueve: Novena Tierra y noventa millas. Una cábala de buena o mala suerte: de angustias, dolores, desesperos y posible muerte; también de sueños realizados, de bienestar y felicidad.

Al dar los primeros pasos sobre la arena de la ribera norte, en medio de las hierbas y la oscuridad cascarrabias, llena de extrañas coincidencias y tensiones, recordó la noche anterior cuando la claridad del pensamiento propio —por motivo de la separación repentina de Felita— lo había acompañado; entonces —con todos los detalles del entorno y la futura trayectoria sobre el suelo de la Novena Tierra de Infiernos en su memoria—, se dijo: «...es un déjà vu..., esto ya lo he vivido desde este río hasta el mismísimo e insoportable calor de las lonas en la primera camioneta de la Décima Tierra de Infiernos».

CAPÍTULO 6

DÉCIMA TIERRA DE INFIERNOS

El joven barbudo no dejaba de llevarse el cigarro a la boca y expulsar el humo con olor característico. Al lado suyo, otros Lagartos bebían, hacían chistes y carcajeaban. Ninguno era de buen rostro.

—Solo les importa el dinero..., fuman esa porquería delante de los niños y las mujeres... —se quejó Felita sentada en la colchoneta de mi lado derecho.

—Es un ambiente difícil..., para todos... —El Puro.

—Oler la marihuana es tan asfixiante como el calor y el escaso aire debajo de las lonas en la camioneta. No lo he olvidado, apenas podía respirar. Ya llevamos tres días aquí y no se me olvida el mal momento. Temía por mi hijo.

—Fue pesado hasta para mí... Y hay que esperar, ellos saben lo que hacen..., dicen que hay un operativo policial..., recuerda que esta es la tierra más peligrosa, aquí nos pueden tomar preso o deportar..., es mejor estar a la deriva, pero atentos...

—Sí, lo sé... —solo me respondió ella.

El Gringuito esta vez correteaba sobre las colchonetas con algazaras. Algunos prorrumpían reclamos, él solo jugaba de los brazos de Ventura —en compañía de El Mellizo— hasta los brazos de Mariela en las cercanías de El Cuñado.

La prima de Felita, se miraba de pie a cabeza una y otra vez y revisaba su teléfono. Su hijo, recostado de ella, lloraba por no sé qué cosa. Felita tomó su teléfono para hablar con su esposo. El Puro se alejó para no ser inapropiado y se acercó al grupo de Kiko, Ale, El Pejecito y El Pelao.

—Hermano, ¿cómo te sientes? —me preguntó El Pejecito.

—Muy bien, ya sabes, en espera, adelantamos mucho, pero ahora iremos con calma al parecer... —le manifesté.

—Sí... hay que cuidarse, caímos en las manos de Los Lagartos Azules... no son perfectos, pero pueden salvarnos en el camino... —sonrió Kiko.

—Ya estamos cada día más cerca... llegaremos... —Ale.

—No hay mayor sufrimiento que vivir en la Isla, así que todo lo que pasamos ahora no es comparable con lo que vivíamos allá... —El Pelao, siempre en provocación.

—Eso no se sabe —le expresé categóricamente.

—Tú dices que es la Primera Tierra de Infiernos...

—Es cierto, pero son otros infiernos... allí no hay esta delincuencia —y todos miramos hacia Los Lagartos Azules—, no hay semejantes asaltos, ni tantas malas circunstancias en las que arriesgar la vida...

—Pero hay hambre, apagones, hipocresía del concepto de libertad, falsos conceptos de igualdad...

—Verdad, ...como los hay en todos los demás infiernos del mundo y aún peores... —le aseguré.

—...quizás tengas razón...

—...la tengo, además, lo que sucede es eso, los compatriotas de la Isla Grande siempre nos comparamos con países desarrollados y nosotros no lo somos...

—...pero, queremos ser felices, vivir como seres humanos..., estamos cansados de tantas precariedades...

—¡Lo dijiste tú, Matatán...! Todos lo quieren, y por eso luchan, no lo olvides nunca... ¿Por qué crees que con nosotros van de todas las tierras? —le dije y El Pelao guardó silencio. Entonces añadí—: Sabes, si yo hubiera podido quedarme en mi Patria me hubiera quedado, pero la verdad es que no se puede vivir..., fundamentalmente por el bloqueo de la Oncena Tierra ella..., y el bloqueo de la Primera Tierra hacia adentro, también, ¡el bloqueo mental...!

—El embargo el primero no existe, yo no creo en esa razón, el bloqueo es interno, te lo aseguro yo, que dirigí y fui miembro de organizaciones políticas..., ¡es un bloqueo de neuronas, eso sí...!

—Increíble, así que te pasaste años defendiendo aquello desde lo político y eres el que más desacredita y habla en contra de su Patria...

El Pelao de nuevo hizo mutis, El Puro aprovechó y yuxtapuso: «Tú dices que el bloqueo o embargo, como quieres llamarlo, no existe ni hace daño..., te invito a que pienses: ahora vamos a la Oncena Tierra, un lugar de diferencias abismales, ¿qué sería de ti si alguien más poderoso que tú —que se sobran allá—, evita que trabajes, no te deja ganar el sustento tuyo y el de tu familia y te pone a pasar hambre y miseria, y además se burla de ti porque no puedes hacerlo? ¿Crees que alguien tiene facultades para violar tus más elementales derechos?».

—Ah, ¡pero tú eres comunista! ¿A qué vas a la Oncena Tierra, entonces?

—No soy comunista, los derechos son elementales para todos, violarlos es un crimen..., sea entre tierras o entre seres humanos... Y soy un hombre del medio, soy «mediumhumano, ni animal salvaje de izquierda, ni animal salvaje de derecha», siempre con la razón y la justeza...

—¿Mediumhumano...?

—Por favor... —Trató de interrumpir El Pejecito.

—Sí, estoy con el respeto, con el orden, con lo justo... No soy ciego, sé de las miserias humanas de nuestros compatriotas, sé del abandono, la mediocridad, la indolencia, la desidia, la hipocresía..., muchos problemas que has mencionado, pero eso no me puede hacer igual que ellos, ni que los otros que defiendes...

—No defiendo a nadie..., son mis ideas..., el problema es más grande...

—¿Cuál es la gravedad del problema...?

—Bueno, ya, terminen la discusión, nosotros no somos políticos... ¡Yo tengo tanto deseos que la política sea eliminada de la faz de la tierra!, ¡que se termine la falsedad y la ambición de los aprovechados de todos los bandos...!, ¡y todos los hombres y mujeres vivamos como verdaderos seres humanos...!, ¡eso sería el triunfo...!, sin que nadie se sienta por encima de nadie... —argumentó El Pejecito su sueño humanista.

Hubo un silencio de varios minutos. De repente las personas se fueron poniendo de pie, era la hora del almuerzo y todos se encaminaron hasta una esquina donde una gruesa mujer repartía unas cajas.

—Vaya, ¡qué bueno, arroz blanco con huevo revuelto...! —Kiko.

—¡Quién nos iba a decir semejante cosa...! —El Pelao.

—Así mismo, tú que saliste de una Isla donde comías algo mejor y te encuentras con esto..., pensando que ibas a tener manjares... —le dijo Kiko a El Pelao y se hizo una carcajada general.

—Pero bueno, esto es por contingencia, cuando lleguemos al «norte brutal y revuelto...», no tendremos huevos revueltos..., jajaja..., solo jamón y cerveza.... y estaremos absueltos... —El Pelao, y lanzó una carcajada.

—¡Que así sea..., hermano poeta! ¡Que así sea! —Kiko y más risotadas.

El Cuñado y El Mellizo con su Mariela y Ventura no dejaban de comer y se habían alejado, como siempre, unos metros más allá para embutirse como palomos y palomas.

A El Pejecito no le importaba comer arroz blanco y huevo revuelto. Yo no tenía deseos de responderle a nadie por sus complacencias culinarias: «peor se había comido en la vida, alguna vez». Terminé de ingerir y fui a echar la caja con los restos de comida en un contenedor de basura.

Al regreso, vi como El Gringuito comía con ganas su arroz blanco y su huevo. Me quedé conversando con Felita.

—¡Y qué...! ¿Cómo les va?

—Mi esposo ya puso el otro dinero, pronto saldremos de aquí..., solo falta que mi prima revise en su teléfono cuando entre en la cuenta y lo compruebe con el jefe de Los Lagartos Azules... —me dijo entusiasmada.

Hubo un revuelo, del lugar no podía salir persona alguna, pero otro grupo numeroso, ahora se sumaba al nuestro.

—No es fácil...

—Te dije que hay que coger calma...

—Es cierto, sin lugar a dudas... es lo que intento...

—Sé que debes estar desesperada por ver a tu esposo... —hurgó El Puro con doble sentido.

—No tanto así... —sonrió ella y añadió—: ...hace poco, antes de llegar ustedes al motel él había ido a vernos al niño y a mí..., y cuando estaba en la Isla, nos pasábamos casi todo el día hasta en las madrugadas hablando por videollamadas..., él ponía su teléfono en el panel de la rastra y yo a través de la wifi que él pagaba nos comunicábamos bien..., casi todo el tiempo del día...

—Ya..., qué bueno, ¿y no le echabas de menos allá?

—Tampoco..., nosotros nos hicimos novios cuando jóvenes..., luego nos dejamos y él se fue, después nos volvimos a encontrar en una de sus visitas y fue que iniciamos de nuevo la relación, ya tenía mi primer hijo..., hemos estado de idas y vueltas mucho tiempo...

—...claro, no han convivido...

—...solo cuando él se pasa unos días allá de vacaciones..., y en esas fechas, a veces, ni me presta mucho la atención, así que, todo debe ser con calma...

—Entonces me das la razón... —le aseguré y los dos echamos a reír.

—Te dije antes..., «es cierto, sin lugar a dudas...». ¿Lo recuerdas?

—Sí...

—Además —agregó—, yo no hacía casi nada en mi casa, como te dije era mantenida por mi esposo desde allá, surtida de comida y ropa y no me preocupaba por nada, ni trabajaba, y la mayoría de las cosas, a veces hasta la comida, la compraba hechas...

—Yo he tenido que trabajar bien duro, a mí si nadie me dio nada, estaba en la Segunda Tierra de Infiernos recogiendo y cargando melones como un mulo... —dijo El Puro y las últimas palabras le hicieron recordar a su abuelo, todavía vivo en la, ahora casi paralela en latitud, Patria amada.

—Lo imagino, por eso eres tan buena persona... —le aseguró ella con una sincera mirada en sus lindos y grandes ojos.

Y la tarde se diluyó en la espera, y la noche también. Y el otro día fue similar: conversaciones, cuentos para los niños, historias de las tierras de infiernos del sur y del este para adultos, historias —inimaginables anteriormente— donde se rememoraba leyendas de las tierras dejadas atrás en las que no existían fuerzas mayores a las cuales rendir pleitesías: ni presidentes, ni militares, ni déspota alguno; solo al trabajo y a la felicidad de ser un ser humano pleno. Eran descripciones escuchadas en las bocas de viajeros que fueron diciendo adiós en el trascurso de los caminos.

Al otro día —ya la primera semana cumplida luego del arribo en los buses que relevaron a las camionetas con sus lonas—, en la mañana, un Lagarto Azul se acercó a La Prima, acompañante de Felita y le dijo que se preparara que hoy saldrían.

—¿Y nosotros...? —preguntó Felita.

—A ustedes todavía no le han puesto el dinero...

—Mi esposo me dijo hace dos días que ya había hecho el depósito..., ¿por qué no habrá llegado?

—Bueno, ayer cuando revisamos en el teléfono de ella, solo había un número de depósito y fue el que ella nos dio a nosotros, fue su esposo quien puso el dinero, no el suyo... —aseveró el Lagarto Azul a Felita y su rostro fue la representación del desánimo.

—Así es prima mía..., el depósito de tu esposo no ha llegado..., yo lo comprobé en mi teléfono..., solo fue el mío..., no había otro, te lo juro —justificó La Prima a Felita.

—¿Qué pasa? —preguntó El Puro a Felita, acercándose a ella después de notar desde lejos el momento de confusión que se vivía.

—Nada, que dice mi prima que mi dinero no ha llegado...

—Lo siento, te he dicho que tengas calma...

—Estoy calmada, lo que no me explico es por qué el de ella llegó y el mío no..., es extraño...

—Bueno, nosotros estamos listos para sacar el primer grupo... —dijo El Lagarto Azul y se dirigió a El Puro—: ¿Ustedes tienen el dinero?

—Nosotros sí...

—...si quieren pueden irse ahora...

—No sin antes saber lo que será de Felita, somos compañeros de viaje... —le aseguré al Lagarto Azul y La Prima sonrió torcidamente.

—¿Tú piensas irte y dejarnos...? —interrogó Felita a su prima.

La Prima titubeó por unos segundos, luego hizo un movimiento extraño con la cabeza.

—...es que... —tartamudeó—, ...no sé..., ...el niño está cansado, con sus malacrianzas, loco por ver a su padre..., y yo estoy desesperada, no es fácil estar esperando por días..., ...todo esto me da mucho miedo...

—Pero tú fuiste quien me embullaste, las dos salimos juntas para ayudarnos en el camino con los niños y no abandonarnos..., no puede ser que ahora...

La Prima no supo qué decir. En el aire vagaba la duda, el desaire, la traición; personajes propios de aquel lugar y de algunos de aquellos hombres y mujeres. Felita estaba impávida, no sabía qué hacer, la desesperanza y la incertidumbre se apoderaban de su rostro.

—...lo siento prima, yo voy adelantando, en el camino nos encontramos o allá, en casa de nuestra familia... —se declaró La Prima y cuando pronunció la palabra «familia», Felita y El Puro se miraron desconcertados.

—No te preocupes..., no te dejaré sola con el niño —le dije a Felita y a continuación El Lagarto Azul se acercó para llamar a La Prima.

Así se fue el primer grupo, y con él La Prima. Felita quedó entristecida doblemente. No podía creerlo. La Prima la había abandonado a ella y a su hijo en medio de aquel albergue maloliente, con desagradable comida y con tantos desconocidos alrededor, entre ellos, Los Lagartos Azules.

Rápidamente tomó su teléfono y llamó a su esposo. El Esposo le juró que poseía el comprobante de envío del depósito, que no sabía por qué razón no lo tenía en sus manos ya.

Luego de colgar, a Felita le empezaron a brotar lágrimas de desconsuelo y su hijo después de abrazarla, le empezó a besar. El Gringuito lo hacía instintivamente, porque la veía llorar. El Puro se aseguraba que el niño no podía imaginar lo que sucedía.

Felita lloró por un rato y su amigo nada pudo hacer para reconfortarla. Después de unos cinco minutos secó sus lágrimas y volvió a tomar el teléfono para realizar otra videollamada, esta vez a su madre.

Fue una llamada de quejas, de lástima. La madre, del lado de allá de la cámara no tenía palabras para hacerla entrar en raciocinio o calmarla. Felita es de esas jóvenes de hablar alto, fuerte y de a seguidas, que a veces se hace difícil entender o establecer una conversación con ella, más en la situación en la que se encontraba.

Al final, delante de la cámara también derramó lágrimas hasta que la del lado de allá, su madre, le pidió que se calmara para que no la viera llorar su abuela ni su hijo mayor. Entonces, se apaciguó y puso la cámara frente al Gringuito que jugaba esta vez con un camión de carga, donde se hallaba un par de zapatos de Ventura.

Ese día fue de una gran tristeza para Felita, pero pasó. En la tarde volvieron a comer arroz blanco y huevos revueltos por lo que las bromas con El Pelao se tornaron más enconadas y de doble filo como la espera para la próxima salida.

El Puro jamás les informó a sus amigos de su decisión para tomar el próximo viaje en espera de resolverse el problema de Felita. Ahora estaban cercanos a la salida, al parecer los operativos policiales habían cesado y se podía volver al camino en masas.

Otra de las mujeres que trabajaba en el albergue regresó con la ropa limpia. «La ropa no está entre los pagos de estancia, no es obligatorio lavarlas, pero deben de pagar», les dijo.

—Sí, pero nadie lo comentó tampoco antes de que entregáramos la ropa... —señaló, algo risueño Kiko.

—Lo siento, debían saberlo... —solo sentenció ella.

Esa noche durmieron mejor, quizás se acostumbraban, así estuvieron todos en condiciones óptimas en el transcurso de las siguientes jornadas. A los dos días siguientes, cuando se alistaban para salir, Felita se acercó a El Puro y le explicó.

—¡Sabías que mi esposo sí puso el dinero...!

—¿Sí...? Y entonces, ¿qué sucedió?

—Que la descarada de mi prima, como era la que gestionaba desde su teléfono la cuenta de los depósitos y su marido demoró en poner el dinero, el que era mío lo tomó para ella y por eso se fue primero...

—¡Qué cosa! Seguro ella tenía miedo de quedarse sola...

—¿Qué miedo es ese...? Si de todas maneras se fue sola con Los Lagartos...

—Tienes razón... —dije yo y me sonreí por haber pronunciado una frase tan ingenua.

—Pero ya llegó el otro dinero..., podemos irnos hoy...

—Así lo haremos... ¡Lo dijiste tú, Matatán...! —Y ahora si reí con ganas.

—¡Ay, nunca me habías hablado así...! ¡Qué grosero...! Nunca lo imaginé... —exclamó Felita, y se echó a reír.

Nos llamaron a todos y nos condujeron hasta un parqueo donde se encontraban grandes rastras o tráiler, como le decían los Lagartos Azules.

—Yo no pienso viajar ahí... —Ale.

—Pues hay que hacerlo... —El Pejecito.

—No seremos los primeros ni los últimos... —yo.

Un Lagarto Azul, se acercó a nosotros.

—No se preocupen, no viajarán atrás, viajarán en el camarote y con mayor seguridad y comodidad...

—Ya veremos... —susurró El Mellizo.

Felita abrazaba a su hijo y tenía los ojos crecidos desmesuradamente, también Ventura y Mariela. El Cuñado se encontraba tranquilo. El Pelao y Kiko, esperaban el desenlace de los acontecimientos. Y por supuesto llegó su tiempo justo.

El chofer de la rastra abrió el camarote y El Lagarto Azul llamó para que fuéramos entrando en la recámara. Las personas estábamos recelosos. Pasaron indistintamente hombres y mujeres y se fueron acomodando. Felita, con su niño pasó y se acondicionó, pero en la medida en que fueron entrando más, pues las palabras de «seguridad y comodidad» de El Lagarto tan solo fueron promoción y confianza para el viaje, el ambiente se le volvió oscuro e irrespirable.

En el espacio se encontraba una especie de litera o dos camas, una encima de la otra; donde las personas debían acomodarse. La idea de Los Lagartos era aprovechar el espacio en su mayor proporción, por lo que intentaban ubicar más de veinte personas allí, por supuesto sería más dinero para ellos.

El Mellizo y Ventura se colocaron cerca uno de otro al igual que El Cuñado y Mariela, así como El Pejecito, Ale, Kiko y El Pelao. El Puro trató y consiguió sentarse al lado de Felita para ayudarle con el niño. Cada vez, El Puro sentía respirar a Felita con mayor hondura, hasta que no logró aguantar más y comenzó a moverse en su posición.

—No puedo más…, me bajo… —dijo Felita y como pudo, casi a empujones, se deslizó entre los demás y bajó del compartimiento.

—No puedes hacerlo… —le dije.

Cuando El Lagarto Azul vio descender a Felita con el niño se alteró.

—¡Qué usted hace!

—Me bajo, yo no me voy a ir en esas condiciones…

—Pues esa son las que tenemos, esto no es un paseo…

—Pero les estamos pagando…

—Lo que ustedes pagan es para eso…

—¿No puede ser?, ¡tan caro…!

—Bueno, entonces, se quedará aquí y no sé cómo se irá... y, además, pierde el dinero del viaje...

El Puro ya también estaba en tierra, al lado de ella.

—Pero Felita, eso se soporta y llegamos...

—No..., siento que no llegaré..., me falta el aire, y el niño así... —le respondió Felita a El Puro, y luego se volvió para El Lagarto y le preguntó—: ¿Dónde está el jefe de ustedes?

—El Jefe está ocupado, no puede atenderla...

—Mejor que me lleve con él...

—¡Felita, por favor! —exclamó El Puro.

—Déjame, hablaré con él, mejor súbete a la rastra...

—¡No! Te esperaré... —le dije.

—Sube, no te preocupes, lo soluciono... —le pidió Felita, aun sumida en la incertidumbre.

Felita empezó a andar, con el niño cargado, hacia donde se encontraba anteriormente. El Lagarto Azul se apuró, la alcanzó y la acompañó hacia la oficina de El Jefe.

—Hola —saludó al llegar y entró en el local.

—¿Qué pasa? —El Jefe, después de un tiempo en que terminó de contar dinero.

—Yo no me puedo ir en esas condiciones con mi niño...

—Le dije que no había otra posibilidad... —le expuso El Lagarto Azul a El Jefe.

—Está bien..., lo remedio, puedes salir... —El Jefe al Lagarto Azul.

—Gracias... —Felita, anteponiéndose.

—Puedes sentarte...

—Mire, discúlpeme, yo necesito que usted me ayude..., mi niño no ha estado bien de salud en el viaje..., es mejor que usted busque una solución para no irnos en una rastra..., al menos para mí y para él... —Felita como reclamo a El Jefe, que la miró detenidamente por unos segundos.

—De acuerdo..., me has caído bien, haré contigo lo que no hago con nadie, me arriesgaré a llevarte conmigo en la camioneta, para convencer a la policía tendrás que hacerte pasar por mi esposa... —a Felita, en ese instante, se le enfriaron los huesos— y, además, costará mil más... —terminó de argumentar el Gran Lagarto Azul.

—Está bien, hablaré con mi esposo, para que le haga el depósito, antes de llegar al destino...

—De acuerdo, confío en ustedes... —expuso El Jefe con una sonrisa cómplice y añadió—: ¡Déjame salir a dar la orden para que partan!

—Gracias por todo...

—No tienes porqué... —El Lagarto, con una mirada enigmática, pero indulgente.

El Jefe salió hasta el parqueo a disponer la salida de los tráileres. Felita quedó más tranquila en su asiento, pero preocupada, El Gringuito no dejaba de jugar con un auto sobre sus muslos y de chupar su tete.

En los camarotes las personas ya estaban ubicadas según las posibilidades de espacio. Nadie podía sentirse a gusto, pero no tenían otra opción. El viaje dentro del pequeño espacio se inició sereno, no obstante esa no sería la tónica. Era un riesgo desde este preciso momento hasta que volvieran a abrir definitivamente la puerta.

Por tanto cansancio el niño se durmió y Felita lo acomodó en el asiento trasero de la camioneta, situándole la cabeza sobre sus muslos. El viaje le parecía insólito, quién se lo iría a decir, ella viajando con un hombre desconocido y temible, justamente haciendo el papel de esposa de un traficante de personas, de un mafioso.

Era una película que no se la imaginó nunca. A veces, miraba de soslayo al conductor. Era un hombre de unos cuarenta y tantos años, ya entrado en canas, con marcas en la cara de posibles peleas con terceros; al parecer había sufrido una fractura del tabique de su nariz.

En la rastra a muchos les faltaba el aire y los mareos iban y venían como las olas del mar, a otros los músculos se les entumecían, a uno que otro las náuseas le llegaban hasta las arqueadas. Todos se miraban con cuantas preguntas podían caber en sus ojos y nadie podía responder. El lugar en penumbras, a pesar de estar con más de veinte personas en su interior también se encontraba en silencio.

El teléfono de El Jefe sonó y Felita fue invadida por el susto. El hombre miró por el espejo retrovisor y sonrió.

—De acuerdo —respondió él—, llamaré al jefe del ClanMir para solicitar el permiso para el paso...

Concluida la primera llamada, El Jefe marcó un número y conversó con el interlocutor. Volvió a llamar, presuntamente al chofer de la rastra —pensaba Felita— y le confirmó que no había problema, «pueden pasar por el cruce de El Salado». Otra vez una mirada a Felita y sonrió al ver como la muchacha aparentaba disfrutar del paisaje sin dar a demostrar su gran preocupación.

—En la tarde noche llegaremos a la gran ciudad... —le aseguró.

—Ah..., ¡qué bueno! Usted no imagina cuanto se lo agradezco.

Y segundos después de reconocer la ayuda de El Lagarto, sonó su teléfono. Era su esposo para comprobar cómo se encontraba y comunicarle que ya el dinero se encontraba en la cuenta.

—Mi esposo ya hizo el depósito de los mil libertadores...

—Muy bien... ¿Tienes hambre? ¿Quieres que paremos y comamos algo en algún lugar?

—Como usted desee...

«¿Cuántas horas serán en este martirio?», se preguntaban los congregados dentro del camarote. El calor, la oscuridad y la falta de oxígeno anublaba el cerebro de algunos. De repente se sentía la arqueada y se debía precisar bien de dónde provenía el instinto para eludir la mezcla de saliva, bilis y comida encima de la piel o la ropa. En una de las ocasiones fue Ventura quien se sintió apretada en su estómago y el vómito fue a dar al pecho, en el mismísimo pulóver de El Mellizo.

—¡Vaya mierda, me tocó...! —susurró El Mellizo cerrando los ojos y elevando la cabeza.

—Disculpa pipo, no pude evitar las náuseas..., traté de abrazarte y cerrar la boca, pero al final se me salió... No pude aguantar, pipo... —susurró también Ventura.

—Vaya Mellizo, vaya..., nada más con ese «pipo», cualquiera perdona el vómito o cualquier otra cosa... —El Pejecito y todos reímos a bajo volumen.

—No jodan tanto, caballeros, que el motor de la rastra hace ruido, pero no podemos reír tan alto ni hablar... —El Cuñado y casi todos sonrieron.

—No te preocupes, eso no se escucha... —aseveró Kiko, sin dejar de sonreír y mirar a El mellizo y a Ventura.

Felita se extasiaba con las lisas vías por donde rodaba velozmente la camioneta. Si El Puro supiera lo que pensaba le argumentaría que «los baches eran uno de los pequeños infiernos de las autopistas y las calles de la tierra donde habían nacido, y que si deseaba entrar a la Oncena Tierra era para el disfrute de las carreteras de postales de aquella zona».

Pero Felita también se regocijaba de la extensa llanura y la extraña vegetación del entorno; a veces verde, otras pálida. Disfrutaba ver dormir su niño plácidamente con la agradable brisa batiéndole en la cara y sin ningún problema que enfrentar en el viaje, diferente a como hubiera sido la experiencia en el camarote de la rastra.

De repente la camioneta se detuvo y un policía se acercó hacia la puerta. El Jefe no descendió, esperó que llegara y el policía le saludó.

—¿Qué hubo, mano?

—Todo bien manito, aquí paseando con la familia... —El Jefe, pasó su antebrazo entre el espacio de los dos asientos y acarició —delicadamente— la rodilla y la pierna de Felita.

—Ah, qué bueno... —Sonrió el policía.

—Así es..., dando un paseo de fin de semana —ratificó Felita y se inclinó para echarle los brazos a El Jefe por detrás del asiento, mientras miraba a unos diez metros el carro policial y el resto de los uniformados.

—Entonces, que tenga buen día y disfruten su paseo —dijo el policía y se alejó.

La camioneta reinició su marcha, faltarían unas dos horas para la llegada del atardecer y la aparición en la gran ciudad. El Jefe encendió la radio y alzó el volumen poco a poco: «...De la sierra, morena, cielito lindo vienen bajando... un par de ojitos negros, cielito lindo de contrabando... Ay, ay, ay, ay, canta y no llores, porque cantando se alegran, cielito lindo, los corazones...».

Una música muy conocida para Felita, El Jefe le miró a través del espejo retrovisor y sonrió provocativamente, «...esa canción parece estar hecha para ti..., y para tus ojos...», le dijo. Felita hizo la acostumbrada mueca con su boca y dirigió su mirada hacia el confín del paisaje salvando los contornos de la ventanilla, al final sonrió como medida de precaución.

Las rastras con sus salidas, anteriores a la camioneta, todavía avanzaban delante de ella. La ventaja sería tal vez definitoria, El Jefe debió de solucionar algunos problemas antes de iniciar el camino y su marcha se había demorado. Pero nada le importó a Felita. Era mejor esperar, aunque llegara después al albergue de la capital.

Ya casi, oscureciendo y a su ingreso a la gran ciudad, las rastras se detuvieron. El Puro, sus amigos y compañeros de viaje escucharon fuertes voces afuera. De repente las compuertas posteriores se abrieron y después de unos segundos se cerraron con sus ruidos característicos.

Las voces comenzaron a acercarse y súbitamente una gran iluminación los hizo perder la visibilidad propia de los ojos en los interiores oscuros. Sin embargo, no dejaron de apreciar el rostro con gorra que oteó en el interior donde se encontraban. Otros segundos de escrutadora mirada y se escuchó la voz: «Tienes razón, no cargas a nadie...», dijo el policía no sin antes mirarle fijamente a los ojos del chofer y sonreír. Luego de cuatro o cinco minutos las rastras de nuevo se empezaron a mover.

Fueron momentos en que El Puro y los demás no sabían qué sucedería. Sintieron honda presión al ver la joven cara del policía mirando sus rostros y las posiciones que adquirieron para hacer más llevadero el viaje. Era imposible que el policía no los hubiera visto, solo si fuese ciego. «Sí, son ciegos..., y tan joven», pensó El Puro y luego se aseveró: «...el dinero les hace perder la visión...».

Unos cuarenta minutos más y la compuerta del camarote se abrió definitivamente. Ya era de noche. Se encontraban en el interior de un gran patio, quince metros y se observaban unas edificaciones al fondo.

Por unos minutos cada parte del cuerpo estuvo buscando encontrarse otra vez con sus esencias biológicas. A algunos los calambres le dieron por acostarse en el asfalto y distender sus músculos, otros emprendieron carrera buscando tierra de la gran metrópoli donde depositar los vómitos con soltura.

Los demás estiraban troncos, cabezas y extremidades con ejercicios de todo tipo o se interesaban por el rincón más cercano y escondido para verter sus líquidos y sus sólidos sobrantes. Todos llegaron a pensar que no alcanzarían ver el final del viaje, pero estaban allí y por ahora debían reencontrase con sus energías, fuerzas y buen ánimo.

—Puro, tengo que decirte algo... —El Mellizo y Ventura estaban frente a él y le miraban fijamente.

—¿Qué pasó, hermano?

—No te lo quise decir antes porque no estaba seguro...

—¿Es algo grave?

—No... solo que me quedo en la ciudad con Ventura...

—¡Cómo!

—...nos hemos enamorados, antes estaba indeciso, pero Ventura es la mujer de mi vida..., y como esta no es mala tierra para vivir...

—...aquí están mis familiares, están bien posesionados y sé que nos ayudarán a encaminarnos y salir adelante en la vida... —argumentó Ventura.

Mariela y los demás del grupo, después de recomponerse un tanto se acercaron hasta el trío.

—¡Al fin llegamos...! —dijo la mujer.

—¿Usted también se queda aquí? —indagó El Puro.

—Hasta aquí llego, amigo infernal... —le dijo Mariela a El Puro con una sonrisa en los labios, pero con lágrimas en los ojos, y se dieron un abrazo.

—¿Qué pasa? —curioseó Kiko que recién llegaba.

—Que Mariela, Ventura y El Mellizo, se nos quedan aquí...

—¡Cómo...!

—Tú, ¿Melli...?

—Sí, hermano, estoy enamorado y quiero vivir al lado de mi amada... —El Mellizo, con cierta humedad en sus ojos.

Y primero Kiko, luego El Pejecito y Ale abrazaron, uno detrás del otro a El Mellizo.

—Bueno, hermano..., ¡buena suerte! —El Pelao a El Mellizo y le dio un fuerte apretón de mano. Luego de un instante de fuerte lazo, El Mellizo tiró de El Pelao y se abrazaron efusivamente.

El Cuñado se acercó a El Puro con solemnidad, le abrió los brazos y le dio un efusivo apretón, con fuertes palmadas en la espalda.

—¿También te quedas? —El Puro en el oído a El Cuñado, pero con voz alta.

—No, mi hermano, no... —respondió risueño El Cuñado a El Puro y luego añadió—: ...solo tenía deseos de darte un abrazo.

El resto de los amigos sonrieron, hasta El Mellizo. Pero cuando El Cuñado dejó de abrazar a El Puro y se volvió pudo notar que las lágrimas bañaban el rostro de Mariela.

—Discúlpame, mi amor, no es mi intención, pero sabes que tengo compromisos después de la frontera... —Y la abrazó con un instinto tierno, duradero más allá de las distancias y los tiempos.

—Yo no soy tu amor, si fuera tu amor..., no me abandonaras...

—No digas eso, preciosa...

—A los amores no se le dejan solitarios en los caminos de las tierras de infiernos... —Mariela murmuró llorosa entre los brazos de El Cuñado, parecía no tener sosiego.

—Lo siento, amor, lo siento, exactamente los abandonos son pequeños infiernos que se viven en estas tierras...

—¡Pero bueno...! Me quieren robar hasta los conceptos de mi vida, de mi intelecto... ¡Voy a cobrar derechos de autor...! —interrumpió El Puro y todos se echaron a reír y así relajaron sus ánimos en tan difícil momento.

En un instante, sin proponérselos, las lágrimas de tristeza se confundieron con las de alegría.

—¡Vamos, vamos...! Tenemos que entrar, todavía no estamos de vacaciones... —Un Lagarto Azul indicaba ir hasta los edificios de una planta.

Volvieron a abrazarse los hombres y las mujeres, menos Mariela y El Cuñado que todavía estaban petrificados en un único apretón. Luego El Mellizo y Ventura tomaron sus mochilas y —prácticamente— impeliendo a Mariela se fueron alejando, mientras los demás observaban sus espaldas salir por la puerta del patio hacia la calle.

Cuando los llegados en las rastras ya se hallaban mal bañados, mal comidos, y mal instalados en sus colchonetas fue que Felita llegó al lugar.

—Hola, ¿cómo están? —saludó.

—¡Para qué te vamos a responder...! Si nunca podrás imaginar a través de las palabras cómo estamos... —le respondió con desánimo El Puro, tomando el niño desde lejos, acercándole a él con un estirón de brazo y dándole un pequeño saludo.

—No es fácil, lo siento mucho...

—Más lo sentimos nosotros —expresó El Pejecito y todos se echaron a reír.

—Pero bueno —dijo con bríos El Puro—, llegamos a la gran ciudad mezo-infernal..., dicen que es una de las más grandes capitales de nuestras tierras de infiernos..., yo, tan solo de saber que estoy en ella, me la imagino..., aunque no la haya podido disfrutar todavía...

—¿Y las mujeres? —preguntó Felita.

—¿...las mujeres de la gran ciudad? Maravillosas... —El Pejecito.

—No chico...

—¡Ah, Ventura y Mariela! —Riendo El Pejecito.

—Venían hasta aquí..., El Mellizo se quedó con ellas... —El Puro.

—¡Qué valiente, sin documentos y nada..., es un loco! —exclamó Felita y volviéndose hacia su hijo, le confirmó—:

¡Oíste, papito, tus amigas se fueron...! —Pero el niño solo la miró y continuó jugando ya encima de las colchonetas.

—Y a ti, ¿cómo te fue en tu viaje? —le preguntó El Puro a Felita, luego que tuvieron un momento de más cercanía.

—Regular..., con todo el miedo del mundo. No sé, primero, de dónde saqué fuerzas para bajarme de la rastra e ir hasta la oficina de El Jefe Lagarto a negarme a viajar en esas condiciones y solicitarle ayuda..., no lo sé...

—Sí, fuiste valiente, esa es una conducta de las mujeres de nuestra Primera Tierra de Infiernos... —aseguró El Puro y sonrió.

—Así mismo..., tuve que hacerme pasar por su mujer, medio que abrazarlo... ¡Un mafioso! ¡Y tú sabes lo que me dijo el «buen señor» cuando llegamos aquí, justo al bajarme de la camioneta...!

—¿Qué...?

—...que ellos no acostumbran a hacer eso, y que los demás Lagartos le habían pedido que me violara..., que cobrara los mil..., pero que me violara...

—...increíble... ¿Y pagaste mil libertadores de esta tierra de infiernos o de la oncena?

—...mil libertadores de la Oncena Tierra de Infiernos... —le explicó Felita y se echó a reír a carcajadas.

—Están copiando mis ideas..., no es fácil viajar con estos capadores... —Y El Puro la acompañó en la carcajada.

—Bueno, esa es tu forma de calificarlo todo...

—Es verdad, mucha verdad...

Y continuaron riendo un rato más hasta que comprobaron que el niño se había quedado dormido.

—Qué extraño, siempre se duerme tarde... —observó la madre.

—Y eso, ¿por qué?

—Se quedaba jugando conmigo hasta la madrugada mientras yo conversaba con el padre...

—Hoy ha sido un día memorable para toda la vida, debió estar agotado...

Unos minutos más y la noche, que era joven, por el cansancio de la jornada a todos los venció sin cortesías. Era el sublime silencio del sueño en la madrugada.

El viento era continuo y enfriaba cuanto objeto encontraba a su paso, quizás la lluvia llegaría pronto. El Puro entró a su casa y las claras luces le alegraron. Las penumbras y las oscuridades lo afligían, nada era para él más triste que ver una casa con un simple bombillo irradiando una luz amarilla y tenue, era en su cerebro la imagen de la pobreza y la miseria extrema. Por eso disfrutó tanto llegar a su casa y encontrarla con sus colores más brillantes en las paredes.

Al parecer se celebraba una fiesta y él no tenía conocimiento. Notó que concurrían muchas personas y que se suministraban comestibles. Le llamó la atención el pasillo que conducía hasta la cocina, en él se hallaba gran cantidad de ropas lavadas, unas tendidas en cordeles y otras sobre asientos y camas, las ropas —fundamentalmente— eran de su propiedad. Las camisas, pulóveres y pantalones estaban algo descompuestos y él se preocupó por darle el mejor orden posible sin ponerlos en el closet.

Avanzó hasta la cocina y entonces se encontró con una gran sorpresa. Su madre cocinaba en compañía de una de sus más viejas y enconadas enemigas, una gorda blanca que siempre poseía un desagradable olor a gordo de leche en su piel, por el cual, a veces le llamaba por un sobre nombre. No se sintió bien por unos segundos, pero al ver a su madre con los fogones encendidos y grandes sartenes llenos de piezas de pollo frito, se relajó. «Su enemiga no tenía ninguna significación ni en la vida real ni en el sueño tampoco, siempre estuvo en el olvido...», se dijo, con absoluto dominio de su estado de somnolencia pero sin saber por qué.

Al acercarse, reparó que en la meseta del fogón apenas cabía un plato más de comida. Su madre sonrió y le dijo: «no te preocupes, todo volverá a ser como antes, todo estará bien...».

El Puro no sabía el por qué su madre le aseguraba el bienestar de todo. ¿Qué era todo? ¿Qué estuvo mal? Era muy insólito, porque su madre no tenía el aspecto con el que él la había dejado en su pueblo hacía dos años cuando partió por mejorías económicas a otra isla y tierra de infiernos.

Su madre —en esos instantes— era joven y fuerte, alegre, trabajadora y extrañamente, no estaba bebiendo ron, a pesar de que se celebraba una fiesta. Entonces vio a su hermana tan exuberante como cuando él era muy joven y estuvo seguro que se celebraba su quince cumpleaños. Así lo tenía en la memoria desde que lo vivió hace mucho tiempo atrás.

Tan solo asomó la cabeza por la puerta del patio pudo comprobar que una gran multitud concurría afuera, muchos charlaban y otros saltaban con la repeor música creada en las tierras de infiernos. Era contradictorio: su madre estaba joven, pero la música que se escuchaba era de muchos años después de su aparente edad. Y más discordante aún, los congregados meneaban su cintura con una música a bajo volumen, precisamente en la tierra de los infiernos del bullicio y la algarabía, del desorden y el desparpajo tradicional. Era como si la fiesta que se celebrara se hiciera con un período de luto reciente en la familia.

Su madre lo llamó y le dedicó una penetrante mirada ojo a ojo y entonces un llanto y un golpe en sus brazos lo hizo entrar en la realidad de las colchonetas, los restantes cuerpos durmiendo a sus alrededores y una luz tenue y amarilla que llegaba desde una bombilla un poco lejana.

Felita asió con fuerzas a El Gringuito, El Puro se desperezó y perdiendo la mirada en el techo volvió a interrogarse: «¿Qué era todo? ¿Qué estuvo mal?». Su pensamiento lo condujo a la Primera Tierra de Infiernos y a su situación actual. Sabía que todo empeoró drásticamente. Le contaban sus familiares y los amigos de allá.

En el sueño su madre, seguramente se refería a la mejora en la comida y las ropas, a la mejora en el ánimo de todos los infernales residentes en su Patria amada. O, ¿sería a su mejoría personal porque ella tenía a su lado la principal enemiga de él?

Nunca imaginó que su tierra, a pesar de todos los infiernos con que contase se encontraría en semejante situación. Era increíble tanto abandono, tanta escasez de cuanto podía necesitar un hombre para vivir, tanta persistencia en las imposiciones de los autollamados «patriotas originales», tantas medidas de aislamiento de los autollamados «patriotas con derechos».

La Primera Tierra de Infiernos estaba en el centro de dos bandos que luchaban por sus intereses en bienestar de cada uno. Ese era el mayor de los infiernos que se vivía en su tierra, ese era el infierno que los llevaba a dejar su naturaleza, el buen lugar donde vivían para instaurarse, tristes y desarraigados, enfermizos por el infierno del exilio involuntario en cercanas o lejanas tierras.

«No te preocupes, todo volverá a ser como antes, todo estará bien...», le dijo su madre en el sueño que recién terminaba de tener. Y no pudo dejar de pensar en los años de su juventud, en los años en que las tiendas se encontraban repletas de ropas y alimentos. Todo se había perdido, la situación de su tierra amada fue empeorando poco a poco con el pasar de los años. Ha sido la influencia de las infernales ideas de los que se acusan, mutuamente, con ser buenos y malos..., «si en realidad fueran buenos no hubiera tanta maldad en su tierra», se dijo para terminar la frase y fue cuando sintió la voz de su cuñado.

—Puro, ¿despierto al amanecer?
—Pensaba..., pensaba..., pero déjame mejor ir al baño...
—Sí, vamos...

Al regreso Felita ya había calmado a su hijo.

—Disculpa al niño, te despertó con su malacrianza... —le dijo.

—Olvídalo... ¿Se tomó su yogurt...? —El Puro.

—...y se puso su tetina..., y cogió su móvil para jugar, no le falta nada más... —Felita sonriendo.

Ale y Kiko se acercaron.

—Buenos días, Puro...
—¿Cómo está la cosa?
—De maravilla..., como decía nuestro pelotero mayor... —la frase le vino a la mente al pensar en su pueblo y agregó—: ...él que pida más en un «gandío», un ambicioso...

—respondió El Puro haciendo alusión a la jocosidad de un deportista famoso de su terruño, y los demás rieron.

—Tenemos que hablar Puro... —le dijo Kiko.

—¿Otro problema más?

—Claro que sí, la vida está llena de problemas... —aseguró Ale con una sonrisa.

—Suéltalo entonces...

—...se nos está acabando el dinero... no podemos seguir viajando en taxis ni en guaguas...

—¡Vaya mierda, estamos embarcados...! —exclamó él.

—No, Puro, podemos viajar en trenes, o caminar... —El Pelao.

—Si dices que no tenemos dinero, ¿cómo viajaremos en trenes...?

—...escondidos en los trenes de carga...

—¿Eh...? ¿Cómo...?

—Así mismo, tenemos que viajar en el que tú llamarías «...el tren del infierno...», o «el tren de las tierras infernales», no sé cuál sería tu denominación...

—¡Quien me lo iba a decir! —exclamó El Puro y añadió—: Eso es doble riesgo..., nos puede sorprender la policía o tener un accidente....

—Correcto, compañero, correcto... —El Pelao.

—Y en verdad, ¿les queda muy poco dinero? —El Pejecito.

—Sí... —Ale.

—¿No podríamos tomar otro autobús más y luego entonces acudir al tren? —El Puro.

—Eso quizás lo pudiéramos hacer... —Kiko.

—Mira que les dije que administraran bien el dinero... —El Puro.

—...que lo cuidaran... —Kiko.

—...que no gastaran en boberías... —Ale.

—...y que ahorremos como los gallegos... —El Pejecito, risueño.

—Ya ven, lo saben, pero no lo hicieron... —El Puro, con seriedad.

—Bueno Puro, así es la vida, hay que echar pa'lante..., no te preocupes, llegaremos..., treinta y dos..., y pa'lante... —El Pelao y comenzó a reír a carcajada haciendo alusión a una vieja consigna política.

—¿Eh...?

El Puro le dedicó una mirada a El Pelao por unos segundos, no fue por maldad ni inspirada por su burla, sencillamente la inercia había conducido sus ojos hasta el rostro del compatriota que consideraba «medio atravesado».

Un Lagarto Azul pasó a comunicar que esta misma noche intentarían tomar otros buses que los condujeran hasta una ciudad bastante cercana de la frontera de la definitiva y Oncena Tierra de Infiernos. Luego entrando la tarde, de nuevo, el mismo Lagarto pasó para comunicar que se realizaba un operativo policial y que lo dejaban para el otro día.

Al otro día en la tarde noche todos se subieron a las camionetas y se encaminaron a la estación de autobuses. Fue una hora de viaje por la gran ciudad mezo-infernal. Una hora en que El Puro disfrutó de las luces y las grandes edificaciones, del desfile a veces orgánico y otras abigarrado de los transeúntes, no así del famoso tránsito automovilístico de la ciudad.

Lo había escuchado anteriormente, el tránsito de la gran ciudad era uno de los grandes infiernos de aquella tierra. Sin embargo, él aprovechó para ver a las mareas de personas y a los lugares luminosos, él no tenía prisa, no iba a trabajar, no estaba enfermo, así que le daba lo mismo la demora por la cantidad de vehículos de todo tipo —uno detrás de otro— que, a veces, se estancaban.

Por eso cuando llegaron y sin bajarse, recibieron la noticia, no le molestó. Otros protestaron, sin embargo, él, esta vez en dirección contraria, presenció otros detalles, doblemente bellos, del regreso hasta llegar al albergue.

—No es fácil esto, Puro... —le comentó El Pejecito.

—Pero tampoco difícil... —le respondió y en ese instante fue El Puro quien se echó a reír a carcajadas.

—Está bien, ríete..., me estás cogiendo pa' eso..., te estás burlando de mí...

—Amigo Peje, ¿sabes una cosa?

—¿Qué?

—Desde hace días me estoy comunicando con mi amigo Pasito y su familia, estas al tanto que él está más allá de la frontera..., su madre, hace poco, ya se reunió con él...

—¿Y...?

—...se ha brindado a ayudarme...

—¿Qué ayuda...?

—...trabajo, casa, dinero, me dijo que hasta un carro me iba a comprar y que no importaba si no se lo pagaba...

—¡Qué suerte tú tienes, hermano!

—Es mi amigo, no tan amigo como ustedes, pero es del barrio y tú sabes que nuestro barrio es de gente buena..., y nos conocíamos...

—Entonces..., sin llegar, ya tienes, carro, casa, dinero y trabajo..., ¡y mujer!

—Así mismo... Pero mujer, no... —le aseguró El Puro y sonrió.

El Pejecito miró para donde se encontraba Ale, Kiko, El Cuñado y El Pelao.

—Ni intentes comunicarle a nadie, que hace mucho tiempo chateo con él y no he dicho nada.

—Está bien, no iba a decir nada, confía en mí...

—Te vi con deseos de hacerlo, te picaba la lengua...

—De acuerdo, tú sabes que cada quien tiene su estrategia al pasar la gran cerca de alambre...

—Y así será...

Los demás del grupo se acercaron un poco más a ellos.

—Puro, el momento será mañana... —habló Kiko.

—¿Qué momento...?

—El de tomar el tren... —Ale.

—Y vuelve Juana con la palangana...

—Es que se quedaron sin dinero y no saben qué hacer, Puro. ¡Ya tú sabes...! —El Cuñado.

—Lo que sucede es que tú te has enamorado de Felita y quieres acompañarla hasta los brazos del esposo... —El Pelao.

Otra vez El Puro miró a El Pelao, en cambio no le hizo caso. Los demás sonrieron.

—Ok, ¿y cómo será la cosa? —El Puro.

—O nos vamos mañana por la mañana, o por la noche cuando volvamos a intentar irnos en los autobuses... —Kiko.

—¿Y lo que pagamos...? —El Puro.

—Yo pagué hasta aquí... —Ale.

—Y nosotros, El Pelao y yo, dijimos que estábamos esperando dinero, que pagaríamos mañana... —Kiko.

—En verdad mañana es que se pone el dinero..., yo creo que mejor aprovechamos a mañana por la noche y cuando vayamos a tomar los autobuses nos escurrimos, ¡total, ya esto está pagado...!

—Es mejor ser sincero con Los Lagartos Azules..., para evitar cualquier problema... —El Pejecito.

—Puede ser, pero tampoco le debemos nada..., hemos pagado hasta aquí... —El Puro.

—Total, hay muchísima gente que se ha quedado en el camino porque se les acabó el dinero..., se quedan hasta trabajando para hacer el dinero y luego continuar...

—¿Y si a nosotros nos dejan trabajando con ellos...? —Ale.

—Entonces seríamos «las lagartijas» y no Los Lagartos... —dijo El Pejecito y todos soltamos nuestras sonoras carcajadas.

—De acuerdo, «lo dijiste tú, Matatán...», ...ahora, voy a hablar con mi novia y con mi bebé linda... —El Puro recordando una vieja frase, tomó su teléfono, abrió la aplicación y comenzó a marcar.

Otra vez durmieron como se pudo, y al otro día hicieron lo que tenían pensado.

Cuando, otra vez, tomaron las camionetas para ir hasta la estación de buses, El Puro se sentó al lado de Felita y le comunicó su decisión.

—Ya no seguiremos viajando juntos... —le expuso secamente.

—¿Y eso, por qué, mi amigo?

—Algunos muchachos andan cortos de dinero..., ya no tienen para pagar los buses, ni la comida de Los Lagartos...

—¡Qué pena!

—...y no puedo dejarlos solos..., nosotros salimos juntos...

—Claro, eres un gran hombre, un buen hombre..., tú si no eres como mi prima..., dicen que ya se entregó en la frontera..., hasta se cayó en el agua atravesando el río...

—Ella es bicho malo...

—Muy mala..., requetemala..., no imaginas cuánto me ofendió cuando le dije que se había quedado con mi dinero..., me ofendió mucho, parece que está envidiosa por todo lo que me dijo..., al parecer era yo la que tenía que agradecerle por haberme robado, porque lo que hizo fue robar... —rectificó y añadió, pensativa, Felita.

—Olvídalo. ¡Tú sí eres una gran mujer...! Y tienes un precioso niño... —El Puro, con tristeza, pasando la palma de su mano derecha por el pelo de El Gringuito.

—Les deseo mucha suerte a todos...

—Igualmente, quizás nos volvamos a ver...

—¿Quién sabe? Los caminos del Señor son inescrutables...

—Los son... —ratificó El Puro y extravió su mirada por el espacio de la ventanilla, sobre los cuerpos anónimos de los transeúntes y los edificios.

—Llegaremos..., no lo dudes...

—Sé que entraremos triunfantes en la Oncena Tierra de Infiernos... —sentenció El Puro sin mirar fijamente a Felita y esta se echó a reír y le tomó la mano, entonces El Puro le miró de frente y le dijo.

—Lo peor ya pasó..., aunque quede el tránsito de la más famosa frontera...

—Y me ayudaste en casi todo...

—Fue un placer...

—Estoy muy agradecida... —Y cuando volvieron a apretarse las manos, y se miraron profundamente en sus pupilas, las camionetas se detuvieron cercana a la estación.

Felita vio cómo se alejaban después de bajarse y conversar con Los Lagartos Azules, El Puro y sus amigos. Los miró extrañada, con una sacudida de separación dolorosa, sin imaginar que sería El Puro quien le dedicara la mirada final, al ella y los demás entrar en el edificio.

Entonces Kiko, El Pejecito, Ale, El Pelao, El Cuñado y El Puro, volvieron a emprender el camino a pie. Los separaba alrededor de la mitad de la Décima Tierra de Infiernos para llegar a la frontera. Ahora sería diferente, las selvas tropicales habían quedado atrás, se acercaban los grandes terrenos semidesérticos y, naturalmente, otros ríos, en cambio, la experiencia les aseguraba que serían circunstancias más propicias.

Llegaron al patio de la estación ferroviaria. Y, se apostaron a escondidas como los demás que esperaban. A El Puro no se le salía del pensamiento Felita y su niño, seguro ya adelantaban camino en los buses que tomaron. Ellos esperarían el mejor momento para el abordaje.

Y tenía razón la imaginación de El Puro, Felita viajaba bien. Ahora, en el asiento del bus veía correr hacia atrás toda luminiscencia que atravesara el ángulo de visión de su ventanilla y abrazaba —con un poco de frialdad en su piel— a su niño que no dejaba de jugar con su móvil.

Por su parte El Puro, El Flaco, El Cuñado, El Pejecito, Kiko y El Pelao veían como uno de los trenes, que desde hacía largo rato acechaban, comenzaba a moverse.

El resto de los viajeros, provenientes de todas las tierras de infiernos, también se apresuraron en sus pasos y procedieron a ubicarse en el mejor lugar sobre la pesada y larga serpiente de hierro. Fue cuestión de minutos, de segundos —se puede decir— y el tren de carga fue invadido, casi totalmente, por viajeros ilegales.

Al principio, al escucharse el despertar del dragón de hierro con su acompasado movimiento, fue algo romántico sentir el aire batiendo en su fisonomía y discurrir el paisaje sin aparente separación alguna de su rostro. Pero luego, cuando el tren aumentó su velocidad y la lucha por sostenerse adecuadamente fue una titánica labor, El Puro —muy en silencio— lamentó haberles hecho caso a sus amigos y no estar al lado de su añorada y necesitada Felita.

Por desconocida explicación no sabía cómo se encontraba sentado en el techo de un coche. El tren aumentaba su movimiento, el paisaje se alejaba a gran velocidad y no supo, en ese momento también, por qué extraña razón recordó —a pesar de sus diferencias—, el viaje en lancha por el cruce de la primera frontera marítima de infiernos.

En la lancha era diferente porque el golpe sobre el agua no era tan dañino como el golpe sobre la tierra a gran velocidad y desde semejante altura. En el agua el peligro podría estar en morirse ahogado o en la boca de un tiburón o un cocodrilo. Estos últimos argumentos ocurrían en caso extremo que apareciera un ejemplar de cualquiera de los dos animales, si no, sería un paseo apacible.

En cambio, si se caían del tren en marcha lo menos que podían ganarse eran fracturas, invalidez o el fallecimiento. Por eso, aunque los viajeros circunstanciales le llamaban el tren de la muerte, para él sería más propicio calificarlo como «el tren del infierno»; era un tren de nuestras tierras con una significación discordante.

Ahora, aunque El Mellizo no se encontrara, podía —nuevamente— pasarle revista a la tropa. Kiko y Ale —sentados casi en el mismo centro del techo del coche— se miraban asombrados del vaivén y asían fuertemente sus mochilas con miedo de perderlas, al mismo tiempo que sus ojos vagaban por el extenso paisaje.

El Pelao y El Cuñado departían de quien sabe qué tema, no iba tan cerca para saberlo; pero él imaginaba que podía ser de política porque de repente tenían ánimos para unas veces exaltarse y otras echarse a reír; además era el único tema que El Pelao mal conversaba.

El Pejecito, como siempre, descubría su buen ánimo y una expresión de no sufrir el más leve temor ante la nueva situación a la cual se enfrentaban, exclusivamente, por causa de la escasa cantidad de dinero que poseía cada cual. El árido paisaje, en sus pupilas, era el tapiz de un cuadro pictórico que le proveía la misma sensación que encontrarse en una playa tropical.

Él, El Puro, en verdad, sentía miedo. Eran las horas de la madrugada y las sombras todavía cortejaban el alma de las cosas. Es cierto que una claridad misteriosa, aparentemente salida de la misma madrugada, acompañaba el ambiente con una mayor sensación y visualidad.

El Puro con su acostumbrada calificación de las cosas y los hechos pensó que era «la luz de todos los infiernos», inédita irradiación de incalculables primicias y consecuencias. Aquella claridad, por extraña, era conveniente para garantizar la mismísima vida.

Pero igual que cualquier proceso de la existencia, el tiempo hizo la costumbre y pasada una hora de viaje sus cuerpos fueron llevándose mejor con la dureza del hierro y el movimiento acompasado de las ruedas sobre los rieles. Luego, al cabo de dos a tres horas, los ánimos se relajaron tanto que regresaron las historias y las carcajadas en la más cercana proximidad de unos y otros, entonces la luz natural de las tierras de infiernos le fue ganando la batalla a las tinieblas y a las figuras, y se pudo tener clara imagen de lo que se vivía.

La serpiente de hierro poseía una piel humana. Una envoltura humana que cubría todo su lomo tembloroso. Un cutis de rostros, una cubierta de cabelleras batientes, una urdimbre de ojos que se alargaba al viento, una faz de extremidades asidas con fuerzas al lomo y buscando la más conveniente estabilidad, para no terminar sobre la arena y las piedras de los espacios cercanos a las vías ferroviarias.

La serpiente de hierro poseía una piel humana. Una membrana que cubría todo el lomo de la serpiente. Una epidermis viva y pensante, una tez de muchos colores con buenos y malos ánimos. Una corteza de sufrimientos y añoranzas, una cáscara de temores y angustias, una piel de sueños por realizar que entornaban sus ojos al norte, a la frontera de la recóndita, incognoscible y Oncena Tierra de Infiernos.

El Puro sintió una tristeza de siglos, una tristeza que se antojaba visceral y que le iba creciendo entre las venas, los huesos, las carnes y el cerebro hasta cuajarse como un filón de dolor sólido y ancestral en el alma.

Por eso había escuchado tantas historias de muerte alrededor de «El tren de las tierras de infiernos». Tantas historias que lamentablemente eran diarias y podían contarse en cualquier libro de supervivencia de la raza humana, «la sobrevivencia de la raza humana en las tierras de infiernos». Entonces pensó en su amigo escritor y se volvió a repetir: «¡qué bueno sería contar esta historia sobre el papel!, pero contarla con lujos de detalles para que en todos los confines del mundo se conozca de nuestros infiernos».

Según avanzaba la claridad pudo tener más detalles. La piel humana poseía todas las edades sobre el lomo de la serpiente. Él pensó que podría apostar que en aquella hilera de rostros y cuerpos alguien estaría cumpliendo años ese día. Y de súbito les llegaron las imágenes de sus cumpleaños pasados en las demás tierras de infiernos, sus iniciales en la Primera Tierra, y los celebrados en la Segunda Tierra.

En la Patria amada las celebraciones de los cumpleaños habían ido empeorando con el tiempo. Tanta escasez dañaba el ánimo, así llegó el momento en que ya no le importaba cumplir ni festejar sus años de vida. Era una agonía encontrar algo con que agasajarse a sí mismo, y que otros lo encontraran para obsequiar también; hasta los cumpleaños podían catalogarse de «celebraciones infernales» en semejantes dominios.

Las montañas ubicadas en los límites del horizonte visual lo hicieron sentirse cansado y soñoliento. Para todos, otra vez, había acontecido una noche de vigilia. ¿Quién iba a dormir con tanto movimiento? Era un peligro. Entre las historias sobre el tren del infierno estaban las de personas que dormidas repentinamente sobre la mole de hierro se precipitaron a tierra y, lamentablemente, murieron.

Miró más allá sobre el lomo de la bestia que rugía de vez en vez y se quedó pasmado. Sobre el tren, desde la línea sur hasta la del norte, se podían observar mujeres con niños de diferentes edades, adolescentes masculinos y femeninas en ciernes, mujeres y hombres ancianos. Era un panorama similar a los cruces de ríos en las fronteras anteriores. Él no podía evitar el recuerdo y asociar tantos momentos vividos.

Lo que más le dolía era ver a niños de brazos sobre los cuerpos de sus madres, al ritmo violento de los rieles e inocentes de todo mal de los infiernos de sus tierras. En el instante en que semejante razonamiento vino a él pudo comprender la calificación de ángel. «Los niños son ángeles», se dijo y el recuerdo de Felita y El Gringuito vino otra vez a él. Pensando en ellos comprendió que hubiera sido muy difícil verlos en similar situación. Ni se lo quería imaginar.

La frialdad de la madrugada empezaba a disiparse con la salida de los rayos del sol. Era un ambiente crudo sobre la piel del lomo de la serpiente de hierro. Primero el aire fuerte y frío de las horas oscuras, luego el aire fuerte y cálido de las horas del día. El lomo de la serpiente curtiría su piel —y a su edad también sus huesos— con variados cambios de temperatura y la violenta acción del aire.

—Puro, nuestra travesía ha sido una labor titánica, una labor de verdaderos héroes... —El Pejecito.

—Así es..., duro es el intento por lograr el Onceno Sueño...

—¡Hay tantos héroes, Puro!

—¡Aunque seamos hombres comunes..., nos hemos comportado como héroes...! —exclamó Él.

—Sí, hay muchos héroes..., héroes buenos y héroes malos... —El Pelao, que por las cercanías a los dos amigos pudo escuchar lo que se hablaba y como siempre emitió su no solicitado criterio.

—Los héroes son según las circunstancias y sus principios...

—Así mismo..., hay quien se auto titula héroe... —El Pelao.

—Como es el caso de El Peje —dijo El Puro para voltearle la tortilla y se echó a reír.

—...unos que se creen héroe porque dicen liberar a otros del mal..., nosotros somos héroes porque huimos de auto titulados héroes del bien...

—Tienes razón... —El Pejecito.

—...héroes porque huimos del infierno del comunismo... —Otra vez El Pelao.

—No me creo un héroe por nada... —Esta vez sí le respondió El Puro a El Pelao y añadió—: solo soy un hombre que busca su lugar en el mundo, que trata de mejorar el destino que les ha impuesto las circunstancias donde ha vivido...

—Todos intentamos mejorar...

—...pero lo hago sin protestar, sin quejas, sin echarle la culpa a los demás de los que considero mis problemas..., trato siempre de vencer con mis propias fuerzas..., tanta queja y habladuría debilita el carácter y el alma de los hombres..., el destino lo hacemos nosotros...

—Todos no somos iguales..., se lo aseguro —Kiko, que escuchó la conversación.

—No tengo por qué cargar con las culpas y los problemas que me causan otros..., de eso se trata la liberación... —El Pelao.

—Calma, caballero, que estamos próximos a entrar por la frontera... —El Pejecito, y añadió casi una sentencia—: ...allí todos nos vamos a separar definitivamente...

—Será mejor... —Kiko.

—Así mismo, mucho mejor..., nuestra separación será también una demostración del concepto de libertad, es tan amplio... —El Puro, con el rostro tenso.

Un grito desgarrador, proveniente de la plataforma que le continuaba llamó la atención. Alguien vociferaba entre llantos: «se cayó, mi hermana se cayó...». Y cuando se volvieron hacia quien gritaba, vieron las últimas vueltas que daba un cuerpo en dirección a los arbustos, las grandes rocas y las hierbas que se encontraban más allá de las piedrecillas cercanas a los rieles. La hermana y, al parecer, otros familiares lloraban desconsoladamente, en el grupo alguien abrazaba a un niño de cerca de unos dos años.

El Puro recordó, nuevamente, a El Gringuito y a Felita. La tristeza no podía ahogarlo, tenía que continuar sobreviviendo para volverlos a ver, porque seguro a los dos le iría mejor en los cómodos buses; aunque por lo general era un ambiente cruel todos los días vividos. Ellos olvidaron la pelea verbal por la política y se dieron cuenta —en un momento— que la subsistencia en la Primera Tierra de Infiernos era un mal menor comparado con los infiernos que vivían en otras tierras.

Acontecieron treinta minutos de silencio voluntario, en los que El Puro pensó en todos los cadáveres que debieron de abandonarse en el trayecto sin siquiera ofrecerles cristiana sepultura. Otras tres horas más y conversaron temas menos complicados.

El sol agobiaba más endiabladamente; «ese era otro de los grandes infiernos de aquellas tierras», pensó El Puro. Cuando la velocidad de movimiento del paisaje alejándose fue resultando menor, bebieron uno que otro trago de agua y chuparon algunos caramelos.

De repente el tren crujió sobre los rieles y se detuvo poco a poco. Muchas personas se fueron unas contra otras. Estaban entrando en una ciudad de mediano tamaño. Entonces se vieron —por los costados del tren— avanzar personas uniformadas y otras vestidas de civil. Las personas del tren empezaron a gritar.

—¿Qué pasa? —El Pejecito.

—Es la policía... —Ale.

—Y migración y extranjería también, por supuesto... —El Puro.

—Vamos, hay que huir... —El Pejecito.

—A tirarse... —El Pelao.

—Rápido..., cuñado, qué esperas... —El Puro.

Cada quien, cómo pudo, tomó su mochila y buscó un lugar propicio por donde bajarse del vagón. Kiko y El Pelao con Ale, cómo estaban más cerca buscaron un espacio por el lado del norte; El Pejecito, El Cuñado y El Puro lo hicieron buscando el sur.

Se escuchaban gritos, voces, lamentos, en una oportunidad que El Puro miró atrás pudo apreciar que ancianos y mujeres con niños ni se habían inmutado, permanecían en el lugar, tratando de reincorporarse, no podían con ligereza enderezarse y huir.

Él no sabía para dónde tomaría, pero ya se lanzaba a tierra y corría a los arbustos, a un lugar que daba a un extenso playazo. Detrás de él se abalanzaban El Pejecito y El Cuñado. En el otro extremo sus compañeros ya se levantaban de la caída al tirarse a tierra y trataban de echarse a correr cuando una pared uniformada se interponía entre los arbustos y la mole de hierro.

Eran tantos los iracundos y tan grande la confusión que Ale se escabulló entre los uniformados y el resto de las personas y salió a correr. Por su parte El Pelao y Kiko forcejeaban queriendo hacer lo mismo, pero por mucho que lo intentaban el cordón de uniformados se hacía más espeso y fuerte y no dejaban avanzar a los que querían huir.

En un momento, los policías sacaron sus armas y en una llamada sonora de advertencia y precaución lanzaron unos disparos al aire. A El Puro, El Cuñado y El Pejecito se le oprimía el corazón al ver las miradas de Kiko y El Pelao en medio de la multitud. Sus compañeros intentaban hallar un espacio para escapar de la redada, pero no había posibilidad alguna.

El Pejecito intentó el regreso para conseguir un rescate, sin embargo en el instante en que Ale llegó hasta ellos, les pidió que «...no lo intenten, pueden quedarse atrapados en el grupo...».

—Corran, huyan, nos encontraremos de nuevo... —gritó en la lejanía Kiko.

—¡Te esperaremos..., hermano! —El Cuñado, sin saber cómo haría para lograr lo que propuso de repente, comprendió al final que fue más bien una frase de consuelo.

—Vamos a correr unos metros más allá y salir del entorno... —El Puro

—Ojalá tengan suerte.... —El Pejecito, pensativo.

—No fue fácil..., me escapé de milagro... ¡Cojones, que no es fácil lo que vivimos...! —Ale El Flaco, respirando hondamente.

—Pues vamos —dijo El Puro y comenzaron a correr al notar que unos uniformados se encaminaban hacia sus alrededores.

Felita cuatro horas después llegaba a la ciudad que sería para ella la posible última estancia camino a la frontera. Entraron los buses sigilosamente a la mediana población, pronto el consabido traspaso para unos furgones y el advenimiento a las colchonetas y a las cuatro paredes, que eran similares a todas las colchonetas y todas las cuatro paredes que había conocido en ese mes de recorridos y descansos.

Así mismo, podía parecer increíble; pero le había acontecido un mes de su vida desde que se bajó en el aeropuerto de la ya lejana tierra centro infernal y empezó a cruzar fronteras una por una. Un largo mes de agonías enconadas en los zapatos y los huesos, en las carnes y el espíritu.

Después de acomodarse en su lugar Felita pensó en El Puro y en sus amigos. Las vicisitudes de los viajes hacían crear en los seres humanos de las tierras de infiernos una relación de amistad segura. Ella había extrañado a sus ayudantes con el niño y su mochila. Ahora, también, —por qué no reconocerlo— se sentía menos protegida ante tanta mirada de Los Lagartos Azules y sus comitivas de dependencia. «¿Qué será de ellos?», se preguntó posteriormente que regresó del baño. Se había bañado luego de cuatro días.

—Puro, ¿tú crees que los deporten? —inquirió Ale.

—¿Quién sabe? Confío en la inteligencia de Kiko para escabullirse y encontrarnos...

—Es que es una incertidumbre, ¿cómo los vamos a esperar? —El Pejecito.

—Ya se comunicarán con nosotros...

—¿Y si no es así? —El Cuñado.

—Entonces habrá que empezar a caminar... —El Puro.

—Silencio, alguien se acerca... —pidió Ale.

Buscaron apertrecharse en lo más recóndito de los arbustos y esperaron unos minutos. «No son uniformados, parecen ser de los que huyeron del tren», murmuró El Cuñado. «Salgamos entonces...», sugirió El Pejecito. «Es cierto, ese hombre lo vi antes de abordar...», aseguró el Puro y entonces salieron al trillo entre los arbustos.

—Hola, ¿qué hubo? —El Puro a los que se acercaban.

Entonces fueron ellos quienes se asustaron, y trataron de huir.

—Esperen..., somos compañeros de viaje... —El Pejecito.

—No muy bien... —Una mujer mayor, después de reponerse.

—Escapamos de puro milagro... —dijo el hombre con un acento de las tierras del sur al darse cuenta que no había peligro.

—Nosotros también... —El Pejecito.

—Saben qué fue de los otros...

—Pocos escaparon, la mayoría fueron encarcelados y conducidos en buses hacia la ciudad...

—¿Todos...? —preguntó Ale, preocupado.

—Todos a los que acordonaron... hasta esperaron que algunas mujeres con niños y personas mayores bajaran del tren y se las llevaron también...

—Tendremos que seguir adelante, no podemos esperar más, es incierto su escape...

—Así mismo, vamos... —indicó El Puro con tristeza.

Y todos empezaron a caminar —distante unos trecientos metros— en paralelo a la línea del tren para ubicarse en una posible trayectoria. El hombre recién llegado en compañía de dos mujeres con niños y dos de mediana edad se unieron a ellos. Así constituyeron un nuevo grupo de andanza y sobrevivencia, un nuevo grupo de casuales compañeros de viaje.

Caminaron durante dos horas entre arbustos por un terreno semiárido. Al abandonar presuntamente los alrededores más inmediatos de la ciudad, se dieron a la tarea de hallar un camino o a alguien que le sirviera de guía o le indicara qué ruta seguir para llegar lo más pronto a la frontera. Entonces vieron un carro cruzando a lo lejos y hacia allá se encaminaron.

Era un camino de blanca arena que se perdía al norte, según la brújula adherida a la mochila de viaje de El Puro. Por lo que en vista de que no se acercaba ningún vehículo, descansaron un breve tiempo y comenzaron a caminar nuevamente.

Otra hora de camino y un ruido comenzó a sentirse a sus espaldas. Era una especie de camioncillo que se acercaba. Sus ojos se avivaron, fundamentalmente los de las mujeres que ya se encontraban cansadas. Parecía estar más cerca, mas, el carro subía y bajaba pendientes, a veces el ruido de su motor más fuerte, otro más lejano, a ellos no les parecía haber caminado tanto ni subir ni bajar tantas lomas, hasta que el señor de unos cincuenta y cinco años se detuvo y dijo: «vamos a esperar que llegue».

Y llegó, hicieron señas para que se detuviera y el camión continuó viaje, unos quince metros más adelante se detuvo, corrieron hacia allá, primero El Puro y El Pejecito, luego Ale y El Cuñado, el señor mayor, las mujeres con sus niños y las mujeres de mediana edad al final.

—Buenas, ¿nos pueden adelantar? —le solicitaron con amabilidad al chofer y a la mujer.

—Disculpen, pero este es un camión de cargar animales...

—No importa... —dijo El Pejecito en un suspiro.

—Y creo que es pequeño para tanta gente... —dijo el chofer, un señor de unos cincuenta años con un sombrero enorme y lujoso, cuando a través del espejo retrovisor notó que se acercaban los demás.

—Nos acomodaremos como sea posible, pero ayúdenos..., estamos cansados... —solicitó Ale, recién llegado a la conversación.

—...no tenemos mucho, pero le podemos pagar algo..., sin problema alguno —El Puro, intentando convencerle del todo.

—No hace falta, suban, llego hasta unos ciento cincuenta kilómetros más adelante...

—Gracias... —dijeron varios y justo cuando llegaron las mujeres, empezaron a subir.

No es agradable viajar en la parte posterior de un camión maloliente y sin asientos. No obstante, ya avanzaba la tarde y sin saber a ciencia cierta dónde podría sorprenderlos la noche, era una tabla de salvación.

Los hombres dejaron el espacio más limpio para que las mujeres, especialmente las que cargaban niños, se sentaran y acomodaran a sus hijos. Algunos hombres, donde pudieron se ajustaron y otros estuvieron de pie, sostenidos por las barandas, casi todo el tiempo del viaje. A veces se turnaban y el que estaba de pie se sentaba y el que se hallaba sentado se levantaba.

Así transcurrió el recorrido hasta que, cayendo las sombras finales de la tarde, llegaron a una especie de rancho con sus vistosas separaciones de corrales de ganado.

Según le habían dicho, el paisaje de esta parte —ya llegando a la frontera de la Oncena Tierra— sería por completo muy parecido al que disfrutaban sus ojos en este momento. Por ello cedió todo su descanso a la visión panorámica y olvidó el doloroso cansancio.

Arribaron al rancho cuando las penumbras de la noche ya caían sobre el extenso y solitario dominio. No sabrían decir si al final del viaje el cansancio era doble, más, o menos, sencillamente estaban muy cansados. Al apagarse el motor, al descender del camión, volvimos —como cuando nos bajamos del tráiler en la Décima Tierra— a estirar con ejercicios nuestros huesos y músculos, y de esa forma a relajar su tensión.

El efecto físico de agotamiento por horas de viaje en el techo de un tren de carga, horas de caminar a pie por un terreno semidesértico —subir y bajar cuestas, el polvo, las piedras— y luego horas de viaje en un camión de ganado, era sencillamente un perjuicio general para el cuerpo entero.

El chofer, que al parecer era el dueño de la propiedad, regresaba de situar el vehículo en su parqueo. Le esperamos para agradecerle otra vez el apoyo, y, después de estirar el cuerpo nos dispusimos a dar la espalda.

—Señores...

—Sí, diga... —le respondí.

—¿No están cansados? —preguntó.

—Muertos de cansancio... –El Cuñado.

—Entonces, ¿quisieran beber agua y descansar...?

—Claro que sí... –El Pejecito, luego todos asistieron con la cabeza.

—Pues bueno, les ofrezco agua, vino y un poco de queso y pan... —propuso el hombre blanco, alto y de fuerte constitución física.

—¡Fenomenal, es un banquete! —exclamó El Cuñado.

—Muchas gracias por todo, es usted un hombre muy amable...

—No se preocupen, no es nada, muchachos... —intervino la mujer acompañante que, hasta el momento, había simulado ser inexistente.

—¡Vamos, pasen a la casa! —Invitaron.

—Gracias.

—Son muy amables —El hombre mayor de las tierras del sur.

Nos condujeron hasta un espacio fuera de la casa principal donde se encontraba una gran mesa. Nos sentamos a ella, y esperamos que se acercara una señora canosa con platos con queso, rodajas de pan, carne y una botella de vino tinto. Los dueños se sentaron con nosotros luego de dar unas órdenes a la mujer.

—¿Van hacia el norte?

—Así mismo, hasta la frontera... —le confesé.

—No tengan miedo, no los denunciaremos, todos los que pasan por aquí van hacia allá..., les deseo suerte...

—Gracias...

—...y cuídense mucho, tengan cuidado con atravesar propiedades como esta sin permiso, eso es más peligroso que el camino...

—Nos hemos venido cuidando mucho, venimos desde el sur... —argumentó El Pejecito, mirándome a los ojos como para pedirme permiso y hacer semejante revelación.

—Si lo desean pueden quedarse en ese ranchón hasta mañana y salir bien temprano, les queda mucho camino todavía hasta llegar al río y otro pedazo hasta la frontera..., no será muy cómodo, pero creo que es mejor que dormir en el desierto... —propuso señalando hacia la edificación.

Por un momento, aunque era una caritativa propuesta y el señor se notaba buena persona, todos nos fuimos mirando poco a poco con recelos. No confiar en nadie había constituido una de las máximas de la seguridad en el camino, pero en esta situación de cercanía a la frontera, en medio de una zona semidesértica y en medio de la noche, una proposición así no podía rechazarse.

—...de acuerdo... —le dije.

—Podemos pagar si usted quiere... —el señor mayor.

—No hace falta, ustedes no deben tener mucho dinero... —nos dijo y todos nos echamos a reír. Yo me palpé el bolsillo del pantalón en donde había puesto «mis últimos veinte libertadores del norte».

—Necesitamos agua para bañarnos, si no es mucho pedir... —le dijo una de las mujeres con hijo.

—Claro que sí, lo tendrán todo...

Siempre existen almas caritativas y estábamos frente a una de ella. La mujer que lo acompañaba desde el viaje que parecía su esposa, a veces, se dejaba ver en su accionar en la casa vivienda, después de que se levantara de la mesa y se alejara. Más allá estaban los corrales, no eran muy numerosos, pero se notaban productivos, al parecer de ceba.

—Debe tener muy buenos animales... —le comenté.

—Sí, los que vivimos por acá nos dedicamos fundamentalmente a trabajar y a comercializar ganado, se encontrarán otras propiedades parecidas a la mía...

—Buen trabajo...

—Es una zona apartada, pero llegamos hasta aquí por la lejanía, y hemos constituido una buena sociedad. Aquí hay poca acción de la policía y el gobierno no posee propiedades, trabajamos con soltura, vivimos con alegría, nos creemos libres, verdaderamente libres... no les damos cuentas a nadie... —argumentó el ganadero.

No le hice mucho caso a lo último que me decía, en este mundo en que vivíamos era tan difícil en medio de cualquier tierra de infiernos ser independiente que lo obvié casi por completo. Recordé a El Pelao, sus aspiraciones y lo conveniente que hubiera sido que conociera esta libertad. En la mesa todos comíamos con avidez.

—Bueno, después que terminen los acompañarán al rancho, me voy a descansar..., nos vemos mañana antes de irse...

En tierras de infiernos siempre hay almas de ángeles, almas que establecen sintonía esencial con otras almas y las benefician, y el señor que nos había atendido era una de ellas.

Ni siquiera le conocíamos el nombre, pero podíamos llamarle así: «el señor que nos ayuda», como si fuese el gran Señor de las tierras y los cielos que también en medio del «infierno de los hombres diablos» podía venir en nuestra ayuda, tal y como siempre se lo solicitábamos en las oraciones.

Y la noche fue apacible. Nos bañamos como la fría temperatura nos lo permitió y luego buscamos acotejo entre las provisiones y los objetos de trabajo en el rancho. Las mujeres con niños se veían serenas y se durmieron pronto con sus hijos, también el hombre mayor y la mujer que le custodiaba. Nuestro grupo todavía mantenía vigilia.

—Puro, hemos tenido mucha suerte... —Ale.

—Así mismo, ahora pienso en Kiko y en El Pelao, ¿qué habrá sido de ellos? Me entristece lo que les sucedió.

—¡Quién sabe! —El Cuñado.

—...y aquí estamos sin cobertura... —El Pejecito.

—Siento mucho que El Mellizo se nos halla enamorado y nos abandonara... ¿Quién lo hubiera visto con los panes, los quesos y la carne de vaca...?

—Hubiera acabado con todo... —El Pejecito, todo reímos, en unos segundos añadió—: Pero Puro, tú también estarás preocupado por alguien...

—¿Por quién?

—Por la linda Felita... —Ale.

—Es una amiga, claro que me preocupa, pero ella le va a ir bien en todo...

—Puro, te dije que no miraras a otra mujer que no fuera mi hermana... —El Cuñado y todos lanzaron sus risotadas.

—Lo dijiste tú, Matatán... Recuerden, a pesar del cansancio no podemos echarnos a dormir a piernas sueltas, no podemos confiarnos...

—Bah, Puro, ¡el hombre es bueno...! —Ale.

—Puede ser, pero no podemos dejar de cuidarnos, y si nos sorprenden y nos encarcelan..., y nos deportan..., no nos van a deportar a la Segunda, sino a la Primera Tierra, mucho peor para todos...

—Solo sería bueno para ver a nuestros familiares... —Ale.

—No sucederá Puro, igual que no sucederá que con los cansados que estamos hagamos guardia y no nos durmamos... —El Pejecito, bostezando y estirando sus brazos, ya acomodándose del todo, listo para dormir.

—Así mismo... —dijo alguien y la voz se fue apagando.

—Solo recuérdenlo... — sugerí y ya hablé solo, todos estaban dormidos.

Salí hasta la puerta del rancho donde nos encontrábamos. La noche era serena y fría. No muy lejos se escuchaban ruidos característicos del movimiento común de los animales y las cosas. Algunas estrellas brillaban en el firmamento. No sabía si era su luz, pero una extraña claridad de nuevo llenaba el espacio. «Es la desconocida luz de los infiernos...», volví a repetirme. Desde adentro, donde dormían los demás, se escuchaban los ronquidos y estrépitos de pedos lanzados al descuido por la relajación de los músculos.

El Puro sonrió.

Mirando a la profundidad de la noche, regresó el recuerdo de El Mellizo, Kiko y El Pelao, sus amigos y, el último, un conocido que aunque no tuvo buena relación con él, sentía lástima por la suerte que hubiese corrido. «Este viaje es así, se pone a prueba todos nuestros sentimientos y fuerzas», se dijo y cruzó los brazos. Sin embargo, en esa posición de protección ante el frio se encaminó hacia el interior para echarse cerca de su mochila, «...todo estaba bien en las afueras».

Por el camino, después de divisar la casa del rancho, se dijo que se llevaba dos deudas de la gran y bella Décima

Tierra de Infiernos: no probar su comida típica y no haber disfrutado más la sublime hermosura de las tecas.

Para la comida, no tuvo tiempo de estar en las afueras de los albergues y comprarla, la estancia le transcurrió en el interior de los cuartos consumiendo la universal y más fácil de hacer comida de Los Lagartos Azules.

Y para las tecas, tampoco lo acompañaron el transcurso de los días, ni sus ojos al mirar por las ventanillas de la camioneta o encima del vagón en el tren. La belleza de las tecas continuaría suspendida en la imaginación de los comentarios que una u otra vez le hiciera alguien, o en las imágenes de famosos filmes de la región, al igual que la comida típica.

Al poner su cabeza recostada sobre la mochila le vino de súbito la jovial cara de Felita, y el risueño Gringuito, su hijo. No temía por ellos, hasta podía imaginar cómo se encontraban y cómo sería su recorrido hasta la frontera de la definitiva y Oncena Tierra de infiernos.

En su última estancia del recorrido viviría hechos similares que en el resto de los anteriores albergues. Estaría entre cuatro paredes esperando que sus Lagartos protectores avisaran del mejor momento para llegar a la línea divisoria de las tierras de infiernos del sur y el norte.

Descansaría en su colchoneta cuarenta y nueve horas con cincuenta y tres minutos, comería los acostumbrados platos de arroz blanco con huevo revuelto, las hamburguesas, galletas dulces y saladas, o el yogurt para su hijo.

Se conectaría para conversar sobre sus miedos y los de su esposo en la Oncena Tierra. Hombre incrédulo que de repente iba a rezar y pedir en las iglesias y a cada pedido de ella se endeudaba más. O conversaría con su madre, su abuela y su hijo mayor en la Primera Tierra, para conocer sus más recientes necesidades; porque Felita era sencillamente una adicta a la comunicación por las redes sociales y en estas circunstancias se hacía más dependiente del dispositivo de bolsillo inalámbrico.

A los tres días de su llegada, otro Lagarto Azul barbudo y en camioneta, en compañía de su hijo, un joven y su mujer, y una mujer de edad avanzada, los conduciría a toda velocidad por carreteras y caminos semidesérticos de ocasión hasta llegar y traspasar la frontera terrestre entre la Décima y Oncena tierras de infiernos. Luego una zanja seca y la vista que se deslumbraba por el brillo metálico de la cerca de a lo lejos.

Minutos después su esposo recibiría en mensajes imágenes que la mostraban con las puertas de la camioneta abierta y en su interior ellos sonrientes como muestra de la llegada. Otra, cargando a horcajadas a su Gringuito y situándose la mochila al hombro. La última foto sería de espalda, en la lejanía de la ondulación del árido terreno dejando atrás toda maldad de los infiernos del sur, esperanzada; sin saber qué infiernos viviría en las tierras del norte. Apenas podía verse con nitidez la fotografía, pero el esposo, su madre, y todas sus amistades y familiares estaban convencidos: «...ya Felita se entregó...».

Detrás llegarían jornadas de silencio. De repente Felita incomunicada y triste por sentir otra vez a su hijo con fiebre, Felita en una cárcel de infierno como antesala definitiva a la supuesta gloriosa, sorpresiva y Oncena Tierra de Infiernos.

El Puro sabía de memoria los pormenores del último recorrido de Felita por las tierras de infiernos del sur y su advenimiento a la definitiva y Oncena Tierra. Felita llegaría sin grandes consecuencias a los brazos de su esposo, y empezaría a cubrir, poco a poco, las grandes necesidades de su familia, anclada en la fatídica y Primera Tierra de Infiernos.

«Su Patria amada...», susurró El Puro y por mucho que quiso resistir haciendo guardia ante un posible hecho que los pudiera tomar desprevenidos, sus ojos se abrían y se cerraban y, de repente, se quedó completamente dormido.

No había ni llegado el alba cuando unas voces y unos silbidos despertaron a El Puro. Cuando abrió los ojos y se desperezó pudo apreciar que una de las mujeres alimentaba con la leche de su teta a su hijo y el hombre mayor, también se encontraba en pie, como ido, pensando en quien sabría qué cosas y con los ojos cansados.

Se levantó de su posición de descanso y fue sacudiendo, uno por uno, a sus amigos. Salió del rancho y entonces comprobó que los rumores mayores provenían de los trabajadores en los corrales. Se encaminó por agua para lavarse la cara.

Al cabo de unos treinta minutos apareció el dueño del ranchón y saludó con los buenos días y aseguró —además— «están preparando el desayuno». Brotaba desde el este los primeros claros del día cuando ya todos estaban listos para emprender el camino. «Bueno, llegarán bien y pronto...», les auguró el dueño y El Puro sintió deseos de darle un abrazo fuerte como si abrazara a su padre o al mismísimo Señor todopoderoso.

El hombre les ofreció dos o tres consejos y ellos empezaron a caminar. Cuando pasaban por frente a unos corrales escuchó la voz de alguien que entonaba una canción: «Voz de la guitarra mía al despertar la mañana... quiere cantar su alegría a mi tierra... Yo le canto a tus volcanes, a tus praderas y flores…, que son como talismanes del amor de mis amores…, mi tierra linda y querida, si muero lejos de ti… que digan que estoy dormido… y que me traigan aquí…, que digan que estoy dormido… y que me traigan aquí…». Los viajeros escuchaban la música y en verdad se alegraban sus corazones al despertar la mañana, pero también se entristecían recordando, cada cual, los momentos de amores con su patria querida.

—Puro, ya casi estamos en la frontera… —El Pejecito.

—Nos acercamos a ella…

—Todavía faltan horas de lucha, suerte y verdad… —afirmó El Cuñado por convicción y no por experiencia.

—Y vamos bien preparado con agua y algo de comida…

—Pero esto es un desierto y es traicionero… nunca lo olvides, no estás en una playa… —aseguró El Puro.

—Pues, ándele, manito, que «vamos por más…» —El Pejecito de forma tan musical que hasta el señor mayor y las mujeres con niño se echaron a reír.

—Pues vamos todos y «vamos por más», porque ya yo voy a abrir las turbinas y voy a caminar… —El Puro, tratando de imitar la forma de hablar de los ciudadanos de la tierra que atravesaban, y abrió sus turbinas.

—Yo pensaba que era a volar… —Ale, risueño.

—¡Ale…! Yo no vuelo… —exclamó El Puro.

—Nada, que así llegarías más rápido y sin grandes contratiempos… —El Cuñado. Y todos volvieron a reír a carcajada.

El terreno, por momentos, se volvía de un color grisáceo, tirando a tonos blancos, demostrando su aridez. Ya no había carreteras ni caminos definidos, solo pequeños arbustos y plantones de hierbas sin organización específica; se encontraban por aquí y por allá, era difícil su clasificación espacial;

y entre ellos, naturales caminos de la casualidad y no de los hombres.

Los trillos por donde se circulaba se cruzaban en varias direcciones, quizás por el tránsito de personas, quizás por los recorridos de animales, tal vez por la fuerza del viento o el azar de la naturaleza. Ellos iban atravesando la ruta aconsejada por el señor del rancho.

Caminaban por horas, bebían sorbos de agua y sus ojos, a lo lejos, se perdían en la tierra y no divisaban nada esperanzador. Los hombres acometían el camino con mayor prontitud y ligereza, pero a las mujeres con niños y a las mujeres de mediana edad les costaba adelantar.

El Puro, cuando encontraba un arbusto de medianas proporciones que le diera sombra se sentaba un rato y esperaba por el resto, ya por sus amigos, ya por las mujeres. Aunque quería avanzar lo más rápido, sentía que las demás personas se quedaran muy atrás y pudieran perderse. La brújula le fijaba la ruta indicada, pero no podía estar tan seguro de que se avanzaba en la dirección más correcta.

En medio de la fatigosa marcha El Puro volvía a los recuerdos de su pueblo natal. La fiesta del verano celebrada en el año dos mil quince seguía siendo recurrente. Quizás albergaba —aunque no estuviera nacida todavía su hija amada— el concepto completo de felicidad para él. «La felicidad es tan simple y tan desconocida que se vive sin conciencia plena», pensó mientras el sudor le corría por el rostro y a veces le estropeaba la visión.

En ocasiones se detenía y echaba un vistazo a su espalda. Por lo general se piensa en medio del esfuerzo que el hombre en su lucha avanza poco, en cambio, cuando se observa el camino por donde se transita, el tiempo, las distancias, los sucesos son muestra de lo que se progresa; esa sensación de bienestar le infundía a El Puro más fuerzas para llegar a la meta.

El señor del rancho le había hablado de otras propiedades, sin embargo, él no había visto ninguna. Ya sería pasada la hora del mediodía cuando el hambre en el estómago empezó a mellar su potencia.

Se sentó a esperar por los demás en una sombra, quería consultar porque por más que caminaba le parecía no prosperar en su caminata ni ir en dirección correcta, a veces creía que daba vueltas en círculos alrededor de un punto, que veía los mismos arbustos y las mismas hierbas.

El primero en unírsele fue El Pejecito. Luego llegaron Ale y El Cuñado y por último el hombre mayor con el resto de los de su grupo. Todos jadeantes, cansados y las mujeres prácticamente agotadas.

—Parece que estamos perdidos... —dijo él.

—Pero, Puro, ¿no vamos en la dirección que nos dijeron?

—Sí, pero por mucho que caminamos, no sé si avanzamos...

—El señor nos dijo que serían unas cuatro horas... —Ale.

—Pero recuerda que esas personas no caminan a pie, todo lo hacen en sus Jeeps o sus camionetas, y los que le parece poco es bastante...

—Eso es verdad —aseguró una de las mujeres con niños.

—La verdad es que yo casi no aguanto más..., y el río no lo vemos... —dijo la otra.

—...tenemos que llegar al río... —Una de las mujeres de mediana edad.

—Lo que tenemos que hacer es ver bien el trillo que tomamos y caminar más rápido..., podíamos cambiar a ese... —expuso el hombre mayor que tenía la impronta y el ánimo de los grandes libertadores de las tierras del sur.

—No hermano, no, este camino se ve que es el más usado..., estoy de acuerdo con caminar más rápido, pero no de cambiar de camino... —El Puro, enfático.

—Bueno, a avanzar... —El Cuñado.

—No podemos esperar por la caída del sol, no debe ser tan lejos, si el ranchero lo dijo...

—Así se habla, no hemos caminado lo suficiente... —El Pejecito.

—Estoy muy cansada... —La otra de las mujeres de mediana edad.

—Pero tenemos que caminar —le dijo el hombre y volvió a recoger las cosas que había tirado al suelo a su llegada y tomó el camino que dijo El Puro.

Y después del breve descanso por la conversación otra vez se hicieron al trayecto. El Puro y el señor mayor de las tierras del sur decidieron andar de prisa y a la cabeza para infundirle ánimo a los demás. Caminaron por una hora más hasta que comenzaron a ver elevaciones y arbustos más altos a lo lejos. «Vamos, que puede ser la ribera...», exclamó y los ojos se le aguaron a El Puro.

«Efectivamente», dijo el señor mayor cuando llegaron a la elevación y a contados metros vieron la corriente de agua, que en un espacio estaba dividida —a la sazón— por una isla formada entre dos cauces del río. Entonces, miraron a sus espaldas y en la lejanía vieron puntos aislados que avanzaban, esperarían por ellos.

La alegría reinó entre todos al reunirse con el río a sus pies. A todos les pareció que no era comparable con los grandes ríos del sur, al menos en este lugar, mas, el río se convirtió en una alegría contagiosa que hasta una de las mujeres de mediana edad derramó lágrimas y saltó alegre como niña; era seguro que unos metros más allá se encontrarían con "the house, the home"; no sabía cómo decir.

—Puro, Puro, el paraíso..., tal y como lo habíamos soñado..., llegamos al paraíso, coño..., esto si no es una tierra de infiernos como tu dices, ¡se acabó el abuso, Puro! —El Cuñado y tomaba arena y la lanzaba al aire en dirección a la otra orilla.

Nadie podría asegurar que la unión de polvo y piedra lanzada al aire fuera arena de río o tierra limítrofe entre el río y el semi desierto confundida con arena. Nadie sabría definir. Sin embargo, todos disfrutaban el ruido del agua, el entusiasmo de El Cuñado y Ale, las sonrisas de las mujeres y sus hijos no vistas nunca antes por El Puro desde que se habían encontrado a la salida de la redada en el tren.

—No festejen que todavía falta, según me han dicho. Por esta zona el río no es frontera..., creo nos falta otro tramo más de terreno —rectificó, ecuánime, El Puro.

—Vamos a cruzar el río, y que Yemayá y Madre de Agua nos limpien y nos sigan abriendo el camino en compañía de Eleguá —El Pejecito, y empezó a dar saltos.

—Lo dijiste tú, Matatán... ¡A cruzarlo, es ahora o nunca! —El Puro y se quitó los zapatos, el pantalón y la camisa.

El Cuñado, Ale, El Pejecito y el hombre mayor hicieron lo mismo. No sintieron vergüenza al quedarse en ropa interior delante de las cuatro mujeres. "No era tiempo de moral en calzoncillo", pensó El Puro, por eso había tomado la iniciativa de despojarse de la ropa y tomar la mochila sobre su cabeza. La imagen doble de «moral en calzoncillo», lo había hecho sonreír por su significación y la realidad propia del momento.

—Puro, Puro, que flaco estás... —Ale.

—¿Estás...? —Y se echó a reír para luego añadir—: ...querrás decir estamos..., mírate, pareces una tabla de planchar...
—Y todos se echaron a reír.

Pero después de la risa los ojos se enseñorearon sobre el aspecto del cuerpo de cada cual. Era algo increíble, cómo perdieron grasas y masa muscular en tan poco tiempo, en más de un mes de camino, de subidas y bajadas en lomas, de viajes en bus, lanchas, y noches sin dormir; de tan poca alimentación el cuerpo se les había consumido.

La parte del río no era tan difícil de pasar, la corriente era menor y el agua no le daba más allá de la cintura. Avanzaron en un principio hasta la tierra ubicada en el medio, luego el hombre mayor, El Puro y El Cuñado regresaron por las tres mujeres y los niños. En otros veinte minutos salvaron la ribera norte.

Mientras salvaban la ribera a su pensamiento vino una canción de su musical y gloriosa Primera Tierra de Infiernos: «...y si vas al Cobre quiero que me traigas una virgencita de la Caridad, yo no quiero estampa, lo que quiero es Virgen de la Caridad..., lo que quiero es Virgen de la Caridad...», El Puro nuevamente fue conmovido por el espiritualismo de las notas musicales en unión del texto.

«Cacha, mi Cachita divina...», se dijo y las lágrimas empezaron a correr por dentro de su alma y por entre sus párpados también. No imaginaba por qué sucedía, pero un erizamiento espontáneo salido de quien sabe dónde le había llenado su piel de montículos puntiagudos y porosos.

Y a caminar, porque todavía no se apreciaba ni cerca ni muro que saltar o atravesar. Ya eran las cuatro de la tarde. A la cabeza iban nuevamente El Puro y el hombre mayor de las sureñas tierras de infiernos. Nunca olvidarían el camino agreste que habían transitado por horas interminables. El Puro y el hombre mayor, en su afán por llegar, caminaron tan rápido que olvidaron a los demás. Cuando se dieron cuenta al mirar hacia atrás, en la distancia no se observaba a nadie, entonces no supieron qué hacer. De pronto sintieron un ruido lejano.

—Al parecer es una turbina —dijo El Puro.

Al caminar unos metros más, se dieron cuenta que un amplio y limpio terreno atravesaba la ruta por donde ellos transitaban. Al parecer era una carretera, o un terraplén que bordeada la extensa zona desértica. El Puro recordó el paso de la Quinta a la Sexta Tierra de Infiernos. «¿Estaremos en la misma situación?». «Y el ruido, ¿de dónde provenía?», se preguntó.

El ruido se alzaba sobre los arbustos y los montículos y luego bajaba de volumen. Cuando se hizo más alto se escondieron los dos detrás de un arbusto que estaba acompañado de un plantón de hierba. Entonces, después de un rato fue que pudieron ver que se trataba de una patrulla.

—No podemos salir, y si nos toman presos..., estamos solos aquí, vamos a esperar a los demás para tomar decisiones... —dijo el hombre mayor.

—Hermano, parece ser la patrulla de la frontera, yo creo que esa no nos puede devolver, en todo caso, nos lleva para los centros de detención de migración... —El Puro.

—Mejor esperamos, yo no me arriesgaría...

—Solo un rato más...

La patrulla pasó con lentitud de largo. En la ventanilla se podía observar un policía con unos prismáticos mirando a lo lejos. Entonces El Puro en un acto de salvación se lanzó a correr hacia el camino detrás de la patrulla. Daba voces y agitaba los brazos, pero era demasiado tarde para que lo escucharan o lo vieran, el carro continuó su viaje hacia el este.

—Pero, ¿qué haces? —le gritaba a sus espaldas el señor mayor.

—No pasará nada...

—Nos arriesgas demasiado...

—No digas eso, no va a pasar nada... —le aseguró El Puro.

Pasado un tiempo, de nuevo se sintió un ruido de motor proveniente del oeste. A los minutos apareció otro vehículo a lo lejos y cuando miraron hacia sus espaldas, también vieron en la lejanía unas figuras que se aproximaban. «Este es el momento», se dijo El Puro y se arrimó aún más al borde del terraplén.

La patrulla se acercaba lentamente y las figuras parecían estar en el mismo punto de la línea del horizonte. El Puro y el hombre mayor no se hallaban seguros de estar haciendo lo correcto, pero tampoco se quedarían todo el tiempo escondidos entre los arbustos. La decisión tomada podía garantizar la llegada a la nueva y Oncena Tierra de Infiernos.

«Ahora mismo vivimos un infierno de desesperación y otro infierno de incertidumbre, no sabemos dónde nos encontramos ni cuáles serán las consecuencias de salir en la búsqueda de lo que podría ser el desenlace definitivo», pensaba El Puro mientras veía acercarse el vehículo.

La patrulla llegó hasta ellos y se detuvo. De su interior se bajó por la puerta derecha una mujer uniformada. El Puro sintió una fuerza en su interior positiva: «una mujer siempre es una buena razón para pensar que todo puede ir bien...», se dijo con un aliento esperanzador.

—Hola —pareció mascullar la mujer.

—Hola —respondió él.

—¿Hacia dónde se dirigen?

El Puro, y el hombre mayor no supieron qué decir, solo alzaron sus brazos en señal de desconocimiento y duda.

—¿Cuántos son ustedes? —volvió a enredarse la boca de la mujer, pero la entendieron.

—Muchos... — dijo, entonces, El Puro.

—Atrás vienen más... —aseguró el hombre mayor y con la mano le indicó a la mujer el espacio que se encontraba a sus espaldas.

El chofer de la patrulla ya estaba a su lado. Era un negro fuerte y alto que con los prismáticos empezó a mirar hacia el lugar donde había indicado el hombre mayor. La mujer tomó en sus manos una especie de boqui toqui y llamó a alguien con el cual conversó palabras que ni El Puro, ni el hombre de las tierras del sur entendieron.

Luego de unos minutos la mujer volvió al auto y regresó con dos pomos medianos de agua y se los ofreció. Ellos bebieron con avidez. Los puntos que habían visto en la lejanía se convirtieron de repente en figuras que podían identificar.

El Puro apreció que eran El Pejecito y El Cuñado, y detrás de ellos no aparecía nadie más. Por esas sensaciones extrañas de la vida El Puro recordó el momento similar en que esperaba cerca de las canoas en la Quinta Tierra de Infiernos por un arribo semejante.

Cuando llegaron unas camionetas que al parecer también eran patrullas, ya El Pejecito y El Cuñado se apreciaban en una dimensión más cercana a sus estaturas reales. Los choferes de las camionetas conversaron con la mujer de la patrulla y sus motores rugieron. El polvo inició un torbellino ascendente detrás de los neumáticos que se fue perdiendo a toda velocidad en la lejanía, a lo desconocido.

Fue entonces que El Puro comprendió que hacía mucho tiempo ya se encontraban en la Oncena Tierra de Infiernos. Precisamente sucedió cuando atravesaron el río unas horas atrás. Él que había imaginado un desenvolvimiento especial para el instante de arribo a la tierra del Onceno Sueño no lo aprovechó. No hubo celebración ninguna, solo el recuerdo a su Cachita; el suceso lo tomó desapercibido. En verdad había dudado que el río fuese la frontera, tan fácil le había parecido el paso.

En unos minutos El Pejecito y El Cuñado llegaron hasta ellos. La fatiga era la piel más externa de sus rostros. Llegaron y soltaron las mochilas y luego se dejaron caer sobre ellas. El Cuñado tenía muestra de quemaduras del sol y El Pejecito parecía estar como «pez boqueando fuera del agua».

La mujer de la patrulla los miraba con ojos de asombro, quizás era parte de los miles de cuerpos fatigados que veían sus ojos diariamente, se los tropezaba en peores condiciones, pero nunca se acostumbraría.

El Puro compartió la poca agua que le quedaba de la botella con ellos y luego les preguntó: ¿Y Ale?

—Viene muy atrás..., con las mujeres... —El Pejecito, después de recobrar un poco el aliento.

—¿Y por qué dejaron atrás a Ale y a las mujeres con niños...? —El Puro.

—Por lo mismo que tú nos dejaste a nosotros... —Ale.

—Discúlpenme..., les dije que iba a levantar turbinas...

—Pero las levantaste alto y nos quedamos en el fondo... —El Pejecito.

—Lo siento, mis hermanos... —se lamentó El Puro al comprender que no debió hacerlo, igual se disculpó el hombre mayor con un gesto.

—Lo dijiste tú, Matatán...

El Puro hizo silencio, no le hizo caso ni a la broma de El Pejecito. Tenían razón, el afán de llegar les llenó de ánimos para caminar a prisas y dejarlos atrás sin querer. «Es el instinto de salvación, todos creemos que entre más avancemos, más rápido vamos a dejar atrás el infierno en el que estamos metidos...», pensó El Puro y entonces dedicó una larga mirada al horizonte en donde todavía no se divisaba patrulla alguna.

—¿A ellos les quedaba agua...?

—Nada, a todos se nos había agotado el agua y nos quedaban pocos alimentos...

—¿Se veían muy cansados?

—Agotados.

—¡Qué vergüenza! Los niños...

—Los niños..., ¡quién sabe cómo estarán...?

—No debí dejarlas atrás... —dijo el hombre mayor y se tapó con sus dos manos el rostro.

La mujer conversaba en su idioma con el otro policía patrullero. Una y otra vez iban y regresaban del auto. También tomaban y hablaban por los boquis toqui, quizás con los que en las camionetas se habían internado en búsqueda de las mujeres, los niños y Ale. Así pasaron alrededor de veinte minutos, hasta que pudieron ver la columna de polvo y los contornos de los vehículos que regresaban a toda velocidad.

Cuando llegaron, de ellas bajaron las dos mujeres con sus niños, Ale y las dos mujeres de mediana edad; «a ninguna de las dos El Cuñado les había hecho el más mínimo caso esta vez, por eso no estaban al cuidado de nadie...», hizo análisis El Puro, y sonrió sin abrir la boca, solo un gesto en los labios expulsando por la nariz un poco de aire.

Estaban todos verdaderamente debilitados. Las mujeres y los niños presentaban grandes zonas enrojecidas en la piel a causa de la acción del sol. Uno de los niños parecía desfallecer y como podía solicitaba que le dieran agua. La extenuación les hacía ofrecer una pésima imagen humana.

—No, no, esperen un tiempo, no le den el agua ahora, dejen que refresque..., está muy fatigado... —El Puro, con énfasis en su consejo.

—¿Cómo están? —El hombre mayor, a las mujeres.

—No te preocupes, sobreviviremos... —le respondió una.

—Llegamos, llegamos..., estamos en la tierra de los sueños... —reafirmó el hombre a una de las mujeres de mediana edad y esta sonrió con cierta satisfacción en medio de la fatiga que sentía.

El Puro, Mano El Pejecito, Ale El Flaco y El Cuñado habían hecho un círculo con sus brazos y se daban un gran apretón entre todos. Lo hacían en silencio, no solo por respeto a los policías que estaban a su alrededor, también a la ausencia de El Mellizo y Kiko, miembros del grupo de salida que se habían quedado por el camino debido a diferentes motivos. Algunos derramaban lágrimas. ¡Llegaron a la Oncena Tierra de Infiernos! No sabían cuántos dioses y cuántas circunstancias obraron a favor de ellos, pero estaban allí, aunque —a veces— no lo creyeran.

Unos minutos más y bebieron agua los niños y las mujeres. La mujer de la patrulla habló nuevamente por el boqui toqui y luego con los dos hombres de las patrullas que se internaron en la zona semi desértica, e inmediatamente con el que andaba con ella. Entonces el negro alto y fuerte tomó las mochilas de las mujeres con niños y las condujo hasta la patrulla de ellos, a nosotros nos indicaron que fuéramos para las otras.

Nos subimos a los vehículos y tomamos el camino que bordea la zona que pudo causarnos la muerte deshidratados o por insolación. Todos divisábamos como el agreste paisaje se iba quedando a las espaldas y un color metálico oscuro nos iba llenando los ojos.

Los músculos y los huesos, apenas respondían de tanto agotamiento. Era increíble, «vencimos todas las adversidades del camino, ¡cuántos no hacían el cuento!», pensaba El Puro y una fuerza interna que llenaba todo su cuerpo de bríos lo invadió con rapidez y sin reservas.

Y pensando de nuevo, en las historias, volvieron a sus pensamientos los rostros de sus familiares y amigos más queridos. Las difíciles imágenes vividas en cada tierra se sacudían adentro, los agradables recuerdos también. Por momentos se quedaban inermes y con la mente en blanco, al compás del movimiento de las patrullas por el terreno.

En cambio, El Puro repasaba —nostálgico y esperanzado— en Felita, ya debía estar en el centro de emigración o en las llamadas cárceles, que él no sabía por qué le decían así.

«¡Qué bueno sería contar la historia sobre el papel!», se volvió a repetir y se enfocó en el otro «Puro», su amigo y escritor de su pueblo; tenía que buscar la forma de que lo supiera todo y se inspirara. Sería su propia historia revivida en ajenas manos, manos dotadas por dones superiores para —debidamente— darle mejor cuerpo.

Sonrió y creyó que contar lo vivido sería importante para que otros supieran a las pruebas que debían de someterse, los riesgos que correrían al intentar cumplir los sueños, más estimulados por otras que por sus propias ideas.

Caviló justamente hasta el momento que —al llegar al centro de emigración—, alguien en la puerta pronunciaba en su mismo idioma: «...quítense la ropa y entreguen sus pertenencias...».

CAPÍTULO 7

ONCENA TIERRA DE INFIERNOS

Por entre las cortinas que cubrían las ventanas vio que se aproximaban hombres vestidos de verde olivo. Su cercana presencia, portando en sus manos armas de combate, alteraron la calma del recinto interior de la iglesia.

—Se acercan los militares —dijo él.

—Corre, vamos... —solo atinó a responder la joven que lo acompañaba.

Y su ayudante, tomándole de la mano, prácticamente lo arrastró hasta una habitación ubicada detrás del altar. Con la misma ligereza de sus pasos, la joven levantó del piso de madera una disimulada puerta y los dos bajaron a la pequeña estancia inferior.

—Debemos escondernos acá... —le indicó ella.

Y entrando a un sitio menor y completamente enrejado —similar a un ascensor de tiempos remotos—, comenzaron a bajar por entre otras áreas cercadas donde otros cuerpos humanos parecían dormitar o estar suspensos en el tiempo y el espacio.

—¿Qué lugar es este? —preguntó.

—Es el lugar más seguro de la Tierra, aquí están los hombres más importantes perseguidos por los violentos, los envidiosos y los malignos de corazón. Es un lugar tan solo para los mejores cuerpos y las mejores almas de la historia..., para los que deben salvarse pese a todo... —le ratificó ella mientras él veía en el descenso obligatorio más cuerpos que se le hacían, dentro de sus ojos, un gran cuerpo fusiforme y amorfo entre una bruma de opacas sombras.

Era como un viaje al centro de la tierra. Llevaban minutos bajando el extraño enrejado similar a una cárcel, donde según su compañera se resguardaban los hombres más importantes de la historia para su propio bienestar.

Él no pudo diferenciar a ninguno, ni conocidos por sus estudios de la historia, ni los destacados de la época actual. «Vaya manera de cuidar las mentes y los cuerpos más especiales», se dijo, justo en el momento en que se detenía el elevador.

Salieron a un lugar bañado por una luz copiosa y brillante, pareciera que dos o más soles o un sol tres veces más claro que el normal alumbraban todo el ambiente. Por ninguna razón, imaginaba que fuera la diferencia del cambio de un lugar oscuro a otro de claridad; era el sitio más lleno de brillo que hubiera visitado en su vida.

Tal vez por ello el verde de la vegetación y la tierra del camino eran de colores tan relucientes. Unas grandes hojas de un verde claro e intenso, una fina tierra blanca y brillante como la arena del mar en los días del verano estaban frente a sus ojos.

Si no fuera por la tanta luz pudiera asegurar que la naturaleza circundante le era conocida. Sentía que por allí había caminado alguna vez. Sólo cuando, luego de un breve paseo, su compañera le señaló una suave elevación y le dijo: «¡Mira, esa es la salida posterior de la iglesia!», pudo ver una especie de vieja casucha con unas nubes o una extraña bruma alrededor.

Entonces al espaciar más su mirada comprobó que era la esquina en donde se levantó la Caja de Ahorros en su pueblo natal. Por ello todo le parecía conocido, de repente el frío fue más intenso y abrió los ojos a una luz, de seguro, cinco veces menos resplandeciente. Cuando se estableció en tiempo y espacio, comprobó que estaba tendido sobre un nailon situado en el suelo, en el medio de una larga construcción parecida a un campamento cañero.

«Sí, un campamento cañero o cafetalero como en los que había estado antes», esa era la posible comparación de su experiencia, sin embargo no era lo mismo; creyó ver algunos acondicionadores de aire y unas ventanas de cristales en ciertas partes.

El cansancio era dueño aún de todos sus músculos, un cansancio que le provocaba dolor. Vestía una ropa extraña, desconocida, que usaba por vez primera y se cubría con una especie de manta plateada, «era como la manta de aspecto metálico que usaron los primeros viajeros a la luna», se dijo y se echó a reír creyéndose uno de ellos.

Lo comprendió todo, por puro cansancio se había quedado dormido. Estaba ya en el centro de retención de emigración en la Oncena Tierra de Infiernos. Era el primer paso cumplido del Onceno Sueño. Comenzó a reír con más fuerza, una carcajada contenida durante muchos días le brotaba incesantemente, sin querer llegar al final.

—¡Llegué, llegué...! —pronunció en voz baja y se dobló en su posición de acostado, levantando más su cabeza para ver si veía al resto de sus compañeros. Solo El Cuñado y El Pejecito estaban cerca de él.

A su lado izquierdo se hallaba una muchacha con un niño rubio. Se parecía a Felita, pero no podía asegurar que fuese ella. La bruma del sueño todavía se franqueaba frente a sus ojos.

Quien fuese tenía una cara de angustia horrible, él le preguntó «qué le sucedía», ella le respondió: «el niño tiene fiebre, al parecer se ha empachado, ha comido muchas manzanas, es el único alimento que nos han dado aquí...», terminó por decir ella. El niño, además era muy similar en su rostro a El Gringuito, en cambio tampoco podía asegurar que fuese él. Pero, «¿serían ellos en otra dimensión de lo ignoto?», se cuestionó.

—¡Otra vez con fiebre...! —El Puro.

—¡Otra vez...? —La muchacha con cara de asombro, no le hizo caso y continuó acariciando al niño.

Un escozor cutáneo empezó a atormentarlo, seguro era la ropa o la manta. Aunque, pensándolo bien podrían ser los tantos días sin bañarse, el polvo del camino, las colchonetas donde había dormido. También, de repente, un ruido empezó a latirle en el estómago y a convertirse en un imparable deseo de ir al baño a expulsar todo el dolor.

Fue y no podía creerlo. Los baños carecían de toda privacidad y de las más mínimas condiciones para el normal acto fisiológico; eran una especie de letrinas. A pesar de que el dolor era intenso, por unos minutos se le paralizaron sus esfínteres. Y no pudo, no pudo evacuar su contenido estomacal. Él no podía hacerlo con tantas personas tan cercas y hasta mirándolo. «No podía».

«Y eso que es el primer mundo, la Oncena Tierra; pero bueno, al fin y al cabo —aunque muchos la califican como el paraíso— es tierra de infiernos», solo se decía una y otra vez buscando la mejor postura para que otros no lo vieran en semejante situación. No obtuvo mejoras y regresó a su lugar de descanso, «no puedo darme el gusto de perderlo».

Aquí no lograría hacer sus necesidades como en otras tantas ocasiones anteriores. No era la selva ni el río, ni la Séptima, Octava, Novena o Décima Tierra en la que se esperaba mucho tiempo y se soportaban los dolores, pero se hacía.

Aquel albergue era tan pequeño y se encontraba tan colmado de viajeros, que había personas dormitando en la mismísima letrina, y por mucho que lo intentó no hizo nada. Otros iban y lo hacían, pero él no pudo. No era fácil hacer sus necesidades fisiológicas —aunque sintiera un fuerte deseo— con una persona recostada en la pared interior de la letrina, sin despegar sus ojos de él.

Era una situación que nunca olvidaría. De repente, recordó los momentos de su llegada; debió de esperar que a otros le dieran paso por la puerta principal para ocupar mejor sitio. Aunque él solo consiguió acomodarse en una especie de banco de concreto.

Una voz de mujer empezó a pronunciar nombres desde la ansiada puerta que recientemente se había abierto. Y todos los presentes, animados, esperanzados, se encaminaron allá. Sin embargo, sus nombres no fueron pronunciados.

«Cuatro días aquí y no nos han llamado para irnos con los nuestros...», se quejó alguien que se encontraba en sus cercanías. «Calma, ya estamos aquí, nos dieron lugar entre ellos, es cuestión de tiempo...», le respondió otro.

«Es verdad Matatán, lo dijiste tú, todo es cuestión de tiempo, los dolores y angustias, la risa y la alegría, la vida misma era cuestión de tiempo..., pero era mejor aprovecharla de una sola vez...», reflexionó El Puro.

—Hoy nos vamos, ya verán..., nos vamos a ir...

—Ah, pero tú no acabas de escuchar que aquí hay gentes hasta de una semana atrás... —El Cuñado.

—Sí, pero sé que me iré hoy... —aseguró El Puro y añadió—: Me he pasado el viaje entero dándoles ánimo, no sé qué será de ustedes cuando ya estén allá fuera... ¡Ustedes verán, en la próxima me voy!

—Será, lo que tendrá que ser, tú no eres nuestro padre salvador, o ¿te llamas Salvador? —le dijo el Pejecito y se echó a reír.

El Puro no le hizo caso, miró a la muchacha que tampoco tuvo la suerte de ser mencionada y notó su tristeza y su preocupación. Su hijo chupaba su tete, recostado de malas ganas, se notaba enfermo.

Ella también era de la inolvidable y Primera Tierra de Infiernos, podía adivinarlo. Parecía otra de las jóvenes que allá no habían trabajado nunca y que solo aspiraban a estar un día en la Oncena Tierra —supuestamente— sin hacer nada, viviendo a expensas de su esposo.

Su familia estaría muy preocupada, esperando noticias. Seguramente la abuela del niño rubio se había encontrado un tete, dejado por la premura del viaje y lo había situado en el lugar en que siempre lo vería. La tetina estaría ahí para suplir la ausencia de su nieto, quizás la abuela se diría: «es una ausencia tan profunda que duele y agobia», y echaría una que otra lágrima, pero se conformaría poco a poco con el paso de los meses y los años.

El Puro se conmovió al reflexionar en que semejantes serían los días de su madre, sus abuelos, los largos meses de su mujer, y los infinitos años de su niña. «¿Quién sabe, con la situación de alejamiento espiritual entre la Primera y la Oncena Tierra, cuándo nos veremos?».

«La ambición de los infernarios que pueblan las tierras de ambos lados, las creencias en filosofías diferentes y el odio provocado por ellas, nos mantendrán separados por mucho tiempo. ¡Nadie tiene derechos para amargar la vida de los demás por conveniencias personales! Nuestras familias nunca se habituarán a semejante ausencia, a semejante tristeza y jamás perdonarán cargar con penas que no son de sus artimañas», se expuso —abatido— El Puro.

Otra vez la voz de la mujer empezó a pronunciar nombres desde la anhelada puerta que cada largos períodos de tiempo se abría. Escuchó la lista una vez más, uno por uno los nombres le provocaban incertidumbre, tormento, ansiedad.

«¿Cuándo llegará el mío?», indagó —en su interior— por la suerte de muchos. Y oyó su nombre, a contados instantes unos apellidos que no eran los primeros de sus padres. Estuvo sorprendido y alegre unas milésimas de segundo, de súbito recordó a su mamá y a su papá, «¿cómo estarán?».

Se repuso al notar, de repente, la alegría en el rostro de la muchacha recién conocida, que se abrió paso —con rapidez— llevando a horcajadas sobre sus caderas a su hijo. Luego, el vistazo sin excusas de la que llamaba, y los ojos de desesperos de los retenidos, más allá de la improvisada otra frontera, la frontera que cerró repentinamente su puerta. «Sería igual..., a Felita y al Gringuito, tampoco los vería más...».

—Puro, vas a perder..., nos quedamos y dicen que por hoy no hay más llamadas...

—Ya verán..., ya verán... —El Puro y dedicó una mirada hasta las letrinas, para ver si se habían despejado, pero nada. En su angustia no se daba cuenta que el lugar era un eterno entrar y salir de personas.

—Y Ale, ¿cómo estará?

—Debe estar bien..., mala suerte que tuvo de caer separado de nosotros... —El Pejecito y sonrió irónicamente.

De nuevo sintió deseos de ir al baño, o a la letrina... Ya no sabía cómo calificarlo... El dolor era permanente, fue hasta el lugar para «sopesar las posibilidades de consumar el acto...», y por mucho que lo intentó no pudo, cuando creía que la salida era inminente, ver tantas personas a su alrededor le cortaba las ganas...

De repente, casi rozando la medianoche, la puerta se abrió y regresó la mujer y empezó a pronunciar nombres. Cómo pudo se abotonó la parte superior de sus pantalones, y fue hasta donde se encontraba la asistente, El Pejecito ya venía a avisarle.

Y escuchó, después de muchos nombres y apellidos de todas las tierras del sur y del este, sus propios nombres y apellidos; no eran los de otro, eran los suyos, «¡y completos! Sonrió, y atravesó —con una insolente certeza— el marco de la puerta requeté ansiada.

La mujer hizo un silencio, todos continuaron a la espera. Del otro lado ahora se encontraban El Pejecito y su cuñado. El silencio se extendía y la mujer de nuevo pronunciaba los nombres, nombres brotados de la creación de los cerebros más impares. Los amigos se miraban de un lado a otro impacientes, hasta que llegaron los nombres de pila de sus compañeros de viajes; pasaron y se abrazaron otra vez sin saber nada de Ale El Flaco.

Entonces le dieron paso para una iglesia similar a la del sueño. «¿Sería el sueño una antesala de lo que viviría en la proximidad del tiempo?». No lo sabría nunca. De lo que sí estaba seguro era de que allí no se encontraban los más sagrados cerebros y cuerpos de los mejores hombres de la humanidad. Y de que el sueño que comenzaba ahora era el inacabable Onceno Sueño, el verdadero, el que no era cumplimiento, el que se padecía todos los segundos por las largas horas de trabajo sin dormir en la fatigosa, desconocida, impropia, y Oncena Tierra de Infiernos.

Sin embargo en la iglesia apreció por vez primera el gran cambio. En su albergue —que nada se parecía a los albergues de las tierras de infiernos del sur—, en el cuarto que le habían asignado, pudo sentarse ante todo en la limpia y cómoda taza del baño y depositar el dolor profundo de sus intestinos...

Pudo, así mismo, bañarse con calma, ponerse la ropa que le habían entregado, que aunque le sobraba talla, no era la misma de momentos antes. Se sentó en la cama con el agradable ambiente del aire acondicionado y prendió el gran televisor. Ya tenía —también— su teléfono por lo que hizo una oportuna llamada a sus familiares.

La alegría de su madre y su mujer era infinita. Su hija sonreía plácidamente, quizás contagiada por las carcajadas, las frases de festejos y las alabanzas de los mayores. Su madre le comunicó que iría a cumplir la promesa que le había hecho a «Cachita, su Cachita prodigiosa y austera», iría a la iglesia, tal vez hasta El Cobre.

Su abuela le pediría a su vecina una memoria USB y por primera vez en la historia de su casa, a todo volumen, se escucharían las canciones religiosas de la iglesia pentecostal. Se cantaría y se bailaría a su ritmo y dando gracias a Dios. Nada sabía su abuela de lo que postulaban las canciones en esencia, pero su fin era agradecerle a Dios y festejar el triunfo de su nieto. Agradecerle a Dios con los cantos y bailes; con su alegría.

Por su parte su mujer y su niña, irían a bañarse al mar y le encenderían una vela a Oshún, Yemayá y a Eleguá. Él se echó a reír, «todas las iglesias y las religiones posibles se han unido a mi favor», dedujo. Su mujer le ratificó —así mismo— que durante más de un mes, durante todo su viaje, había encendido día por día una vela azul a las doce del día. «Justo a las doce del día y dedicada a la gloriosa Virgen de la Caridad del Cobre», le aseguró ella con lágrimas en sus ojos.

«Te amo», le dijo ella con voz entre cortada y él le respondió con un «yo también te amo, mi vida», al instante el grito de su hija: «...papá, te amo mucho...», y su corazón no aguantó más, colgó la llamada llorando.

Luego se la devolvieron, quizás pensaban que había colgado sin querer o que la escasa señal de la conexión —como siempre, allá— impedía el diálogo, pero no respondió; estaba ocupado, sus sentimientos afloraron desproporcionadamente sin poderlo evitar.

—Puro, ya estamos viviendo como queríamos... ¡Llegamos!, ¡Puro, llegamos!

—Lo dijiste tú, Matatán... Pero piénsalo bien, ahora es que vamos a saber lo que es pan de piquitos... —le dijo El Puro, no sin antes echarse a reír con picardía.

—No puede ser, esto es lo máximo, lo supremo... —El Pejecito, después de salir del baño.

—Pronto todos nos separaremos, todos tomaremos para una dirección distinta...

—¡Lo dijiste tú, Matatán! Así es Puro, aunque pensándolo bien, ¿tú no crees que yo podía irme junto contigo a casa de ese socio...? —El Pejecito.

—No sé hermano, no sé..., aquí es diferente, tendría que hablar con él... Y, por favor, no me copies mi frase también... —Y lanzó sus risotadas.

—Ya es tarde... —sonrió El Pejecito—: ...pedí pasajes para el mismo lugar, tomaremos dos guaguas y estaremos en unas horas allá...

—¡Qué barbaridad, compadre! Debías haberlo dicho...

—Puro, no es fácil estar en esta tierra de infiernos en solitario..., anda no seas malo...

—Bueno, todos somos de la misma tierra..., supongo que no habrá problemas... Y, por favor, deja de copiar mis frases...

Fueron unas horas en el albergue de la iglesia. Al amanecer llegaron unas guaguas amarillas puestas por el centro de emigración. Eran unas viejas guaguas que todavía conservaban el aspecto de ser vehículos de traslado de prisioneros.

Fue la última razón de lo que debía conocer El Puro para tener la medida exacta del porqué le decían «entregarse» y «estar presos». Sintió pavor al recordar películas producidas en estas tierras; en su mente se alargaban algunas escenas en las que se mostraban buses similares donde eran conducidos, a la cárcel, delincuentes de alta peligrosidad.

El hecho aislado no podía constituir augurio para nadie de los integrantes del grupo. Según las noticias, las cárceles de la Oncena Tierra eran unas de las peores de todo el mundo infernal. Ellos, sin duda alguna, venían a trabajar y a ayudar a sus familias asentadas en las tierras del sur, no a causarles más tristezas.

Mientras avanzaba el bus por las amplias calles de la limítrofe ciudad de la Oncena Tierra, disfrutaban sus ojos la limpieza y la salud de las hierbas y los arbustos. Recordó una conversación con un amigo: «...allá hasta las hierbas son más verdes, tan solo pasas la frontera, notas la diferencia».

Una sensación de un supuesto abandono a las familias les llegó a cada cual. Era un sentimiento extraño, un sentimiento de un raro valor personal, un sentimiento de culpa interna e imperdonable. Ellos estaban aquí, sus familiares allá, tan lejos y en pésimas condiciones de vida.

En cambio, de nuevo, ellos se hallaban juntos otra vez, justo para separarse durante mucho tiempo, El Puro, El Cuñado, Mano El Pejecito y Ale El Flaco, que reapareció al juntarse a la salida de las habitaciones de la iglesia. Los cuatro que habían llegado al destino final. Ale cogería un avión hacia el sur de la Oncena Tierra, El Cuñado se iría al norte y El Pejecito y El Puro, tomarían dos buses para llegar a una gran ciudad que estaba bastante cerca de allí.

Desde ahora en lo adelante a El Puro le embargaría la sensación de que todo marcharía bien. El bus enjaulado continuaría circulando en busca de la terminal aérea y de la terminal de ómnibus. Se despedirían con los fuertes apretones de manos y los abrazos entusiastas y tristes. Cada quien pareciendo un payaso con las vestimentas que les había correspondido en la iglesia. Ropas que eran para personas robustas, o ropas donadas por personas obesas, «¿quién sabe en cada caso?».

Luego esperarían el tiempo propicio para abordar el transporte. Quizás en la estación de ómnibus o en el aeropuerto empezarían las resacas del viaje: dolores de músculos y de alma, vergüenzas, análisis de los buenos y malos momentos, tristezas, complejos de culpa, asombros, picazones, o retortijones de barriga; y ese sería su caso.

Algunos se preguntarían por el destino de sus amigos, como era el asunto de El Mellizo en la gran ciudad mezo-infernal, o la situación de Kiko, si estuviera preso o deportado.

A veces, El Puro, creía ver a Kiko —sonriente en la Oncena Tierra— caminando a su encuentro para liarse los dos en un abrazo fuerte y prolongado. Otras, se veía frente a un televisor y descubriendo —milagrosamente— la imagen de su amigo en medio de un grupo de viajeros ilegales deportados en un barco o en un avión.

Sabrían poco, por ahora. Pero se cuestionarían, al mismo tiempo, por todos aquellos que dejaron atrás, la enorme fila de negros de la última y más infernal de todas las tierras. Las mujeres con niños de las infernales tierras del sur. Las ancianas y mujeres todas de semblante indígena y extrañadas ante tantas cosas desconocidas del mundo. Y las preciosas moras, las panas, las meñas, las ritas, las taguas, las güeras, las tecas, todas ellas, féminas inolvidables y guardadas para siempre dentro de sus pupilas.

Tomarían asombrados, también, las rutas para los asientos definitivos de sus vidas. Lejos les llevó el movimiento de la existencia por los infernales caminos de las diferentes regiones. Ya no serían más los ingenuos muchachos nacidos en la Primera Tierra, ni los extenuados recogedores de sandías de la segunda, ni mucho menos los arriesgados seres humanos que atravesaron, al borde de la muerte en unas nueve tierras de infiernos, el rumbo del Onceno Sueño por una mejor vida para ellos y sus familias.

Todos los cuerpos se irían definitivamente quién sabe a dónde.

Él, por su parte, tomaría los dos ómnibus con una insoportable picazón en su piel y unos inmensos retortijones de estómago. No disfrutaría del paisaje por la misma causa, tampoco se cuestionaría detalladamente por el desenlace de Felita y El Gringuito, «el dolor no me deja pensar».

Sin embargo, lo soportaría hasta que lo rescatara su compañero, junto a El Pejecito, y conducido a casa. Allí, tras leves saludos, por supuesto, preguntaría en primera instancia en dónde se encontraba el baño y orientado en su dirección, se encaminaría sudoroso.

Luego de abandonarse al alivio, y verse definitivo y enclenque en el espejo de la habitación, sentado en la taza del baño, con fuertes retortijones de estómago, le vendría a su pensamiento todo el recorrido desde la Patria y Primera Tierra hasta la Definitiva y Oncena Tierra de Infiernos. El viaje le llegaría en forma de un flashazo de imágenes por su mente.

Recordaría, a propósito, los momentos en que se había dicho que sería muy bueno poder contar la historia del viaje. Ya no pensaría igual, ya no juzgaba oportuno que la historia fuese lo suficientemente interesante como para ser escrita y leída por alguien.

«No vale la pena», se repitió en voz alta —al igual que antes en un mismísimo santiamén especuló sobre su futuro en su asiento del bus enrejado, aún camino de las terminales aérea y de ómnibus—, sin dejar de buscar por inercia el papel sanitario o una vasija para tomar el agua y limpiar sus nalgas.

Al no encontrar ni lo uno ni lo otro le dio por mirar la parte de abajo de la taza y sus ojos tropezaron con una larga y metálica manguera. Sonrió, muchas como esa sorpresa le esperaban en la tierra en que había situado sus ruegos, sus pies y sus aspiraciones. Miró a su derecha y tomó la olorosa y sólida pastilla; se enjabonó su mano izquierda.

Entonces, alcanzó la fría serpiente metálica con cabeza de martillo, accionó su pistón y comenzó a lavarse el culo.

Del autor

Edgardo Hinginio (San Ramón, Granma, 1969) es un narrador, poeta, periodista y editor cubano. Inició su labor literaria en 1989 y ha desempeñado diversos roles en el ámbito cultural, incluyendo ser metodólogo provincial de literatura, y director de revistas culturales como *Ventana Sur, La Palma del Auriga, La Campana,* y publicaciones infantiles como *Papalote* y *La Chiringa.*
Entre sus obras destacan *Desde ninguna parte una palabra* (cuento, 2004), *El Hombre Obscuro* (poesía, 2007), *Isla sin dioses* (cuento, 2014), *Contrapalabras* (poesía, 2019), *El pez Diablo* (novela, 2021), y *El hombre oscuro* (edición bilingüe, 2022).
Actualmente, reside en Bayamo, donde dirige la editorial Ventana Sur.

Made in the USA
Monee, IL
21 August 2025

22774904R00134